사장님!
노무?
어렵지 않아요

딱 한 번만 읽으면 이해되는
근로기준법, 직원등록, 4대보험, 급여계산법

사장님!
노무?
어렵지
않아요

딱 한 번만
읽으면
이해되는

최용규
지음

'택스코디'가 쓰면 다릅니다. 뻔하지 않습니다.

 기 출간된 '사장님, 절세? 어렵지 않아요.'가 많은 독자들의 호응을 받은 이유도 뻔하지 않아서입니다. 운영하는 블로그 (어려운 세무/쉽게 배우기, blog.naver.com/guri8353)에서 노무 관련된 책을 써달라는 구독자들의 요청에 보답하고자 오랜 시간 공을 들여 집필하였습니다.

 쉽게 적으려고 노력했습니다!

 뻔하지 않게 쓰려고 노력했습니다!

 실제 상담한 사례를 바탕으로 이해하기 쉽게 적었습니다!

 어려운 용어는 가급적 배제하고 쉽게 풀이하기 위해 노력했습니다!

 직원을 단 한 명이라도 고용하고 있으면 기본적인 노무 공부는 해야 합니다.

 근로기준법이 뭔지, 직원등록은 어떻게 하는지, 4대보험은 꼭 가입해야 하는지, 급여계산은 어떻게 하는가를 알아야 합니다.

제가 쓴 세무 책〈사장님! 절세? 어렵지 않아요〉의 캐치프레이즈는 '세금은 아는 만큼 줄어든다.' 입니다.

노무도 다르지 않습니다. 사장님이 아는 만큼 많은 돈을 아낄 수 있습니다.

그리고 생각만큼 어렵지도 않습니다.

'이제 세무대리인 안 쓰고 직접 신고할 거예요'

'사장님, 절세? 어렵지 않아요.' 책을 읽고 독자 분들의 진심어린 리뷰를 볼 때마다 보람을 느꼈습니다.

세무는 어렵다는 고정관념을 깨는 것이 집필한 목적이었고, 이번 책도 마찬가지 이유입니다. 노무도 다를 게 없습니다.

상시근로자 수가 5인 미만의 사업장일 경우에는 더욱 더 그렇습니다.

세부든, 노무든 기본은 알아야 합니다.

돈을 벌려고 사업을 시작했는데 내지 않아도 되는 세금, 벌금 등을 지불한 이유는 모르기 때문입니다.

이 책은 단순히 법을 잘 아는 유식한 사장님이 아니라 필요한 상황에서 어떻게 문제를 해결하거나 예방할 수 있는 지혜로운 사장님이 되도록 도움을 주기 위한 목적으로 집필을 했습니다. 일상 속에서 발생하는 사례와 자주 묻는 질문들을 담았습니다.

이 책은 1장에서는 꼭 알아야 할 근로기준법, 2장에서는 원천세 신고와 지급명세서 제출, 3장에서는 4대보험, 4장에서는 급여계산법으로 구성되었습니다.

그리고 권말부록에서는 사업을 하면서 알아두면 좋을 꿀팁을 추가했습니다.

딱 이 책 내용만 숙지하면 됩니다. 그러면 사장님의 소중한 돈을 지킬 수 있습니다.

어렵다는 고정관념만 버리세요. 이제 어렵지 않은 이야기를 해
볼까 합니다.

- 택스 코디 **최 용 규**

목차

Prologue 6

PART ① 17

근로기준법은 직원 편이다

018 ··· 왜 노동법을 알아야 하나?

021 ··· 근로기준법은 강행규정

024 ··· 근로계약서 작성이 먼저다

027 ··· 근로계약서에 추가로 기재하면 좋은 내용

030 ··· 근로계약서에 기재해도 효력이 발생하지 않는 내용

034 ··· 상시근로자 수가 중요하다

040 ··· 빨간 날은 휴일?

044 ··· 휴게시간? 대기시간?

048 ··· 법정기준 근로시간의 초과

051 ··· 급여대장의 기록이 중요하다

053 ··· 해고 예고수당 안 줘도 되는 경우

PART ② 59

직원등록, 한 번만 해보면 쉽다

060 ··· 직원등록을 왜 해야 하나?

063 ··· 원천세 신고, 한 번만 해보면 쉽다

066 ··· 원천세 기한 후 신고

069 ··· 근로자 판단기준, 사용종속성

073 ··· 인건비 신고의 구분

078 ··· 상용근로자의 원천징수

081 ··· 비과세되는 근로소득

083 ··· 일용직 비과세 기준 금액 인상, 지급명세서 제출 기한 변경

087 ··· 가족의 직원등록

091 ··· 직원등록 해? 말어?

··· Contents

PART ③ _____ 95

4대보험 꼭 들어야 하나요?

096 ··· 4대보험만 가입했다고 인건비 처리를 할 수 있는 것이 아니다

099 ··· 4대보험, 가입 제외대상

102 ··· 4대보험료를 줄이는 방법

105 ··· 일용직 직원도 4대보험에 가입?

109 ··· 아르바이트 직원 일용직 VS 프리랜서

112 ··· 산재처리, 실업급여

117 ··· 두루누리 지원사업

120 ··· 일자리 안정자금

PART **4** ━━━━━━━━━━━━━━━━━━━━━━━━━━━━━━ **123**

알기 쉬운 급여 계산법

124 … 임금 지급의 4대원칙

127 … 꼭 지켜야 할 최저임금

131 … 주휴수당

136 … 주 6일 근로자의 월급 계산법은?

138 … 무단결근한 직원, 얼마를 제하고 줘야 하나요?

141 … 수당 산정의 기준 통상임금

145 … 퇴직금 산정의 기준, 평균임금

148 … 직원의 퇴직금 중간 정산 요구

Epilogue ━━━━━━━━━━━━━━━━━━━━━━━━ **152**

··· Contents

PART 5 권말부록 ⦙⦙ 157

알아두면 좋은 팁

158 ··· 고용증대 세제 지원제도

162 ··· 고용촉진지원금 지원 대상 및 지원 한도

168 ··· 개정된 상가건물 임대차보호법

171 ··· 확정일자도 받아야 한다

174 ··· 임대차 계약 전 확인 사항

178 ··· 건물주의 미납세금, 전세금 날린 사업자

180 ··· 자녀, 근로장려금 확대 시행

182 ··· 외국인 직원 고용 절차

185 ··· 알아두면 도움이 되는 사이트

사 장 님 !

노　　무 ?

어렵지않아요

사장님! 노무? 어렵지 않아요

왜 노동법을 알아야 하나?

근로기준법은 강행규정

근로계약서 작성이 먼저다

근로계약서에 추가로 기재하면 좋은 내용

근로계약서에 기재해도 효력이 발생하지 않는 내용

상시근로자 수가 중요하다

빨간 날은 휴일?

휴게시간? 대기시간?

법정기준 근로시간의 초과

급여대장의 기록이 중요하다

해고 예고수당 안 줘도 되는 경우

근로기준법은
직원 편이다

1

왜 노동법을 알아야 하나?

'직원이 고발을 해서 노동청에 다녀왔는데, 왜 법이 그 모양 이야.'

이렇게 하소연하는 사장님들을 적잖이 보게 됩니다. 사장님의 마음은 이해하지만 노동법의 속성을 알고 나면 생각이 바뀌게 될 것입니다.

노동법은 근로자를 보호하는 법으로 근로자가 아닌 사용자가 반드시 지켜야 하는 법입니다.

그렇기에 사용자는 꼭 노동법을 알아야 합니다. '몰라서 하지 않 았다'는 법이 바라보는 시각에는 통용되지 않습니다.

문제가 발생했을 때 잘못된 상식과 판단으로 문제가 더 커지는 경우도 자주 발생합니다.

세무와 노무는 처한 상황에 따라 무엇이 최선의 답인가가 다르 기 때문에 기본적인 지식 없이는 최선의 판단을 내리기가 힘이 듭니다.

법을 운운해야 하는 문제들에 대해서 골치 아프다는 이유로 알아보려고도 하지 않습니다. 인터넷으로 검색을 해 봐도 법이라는 개념을 다루기에 제대로 이해하기가 힘이 듭니다. 용어도 낯설고 그 내용도 추상적입니다 귀찮아서 혹은 몰라서 적지 않은 근로계약서가 벌금이라는 부메랑이 되어서 돌아오곤 합니다.

법이 지배하는 사회에서 현명하게 살아가기 위한 방법은 법에 대해 아는 것이지 않을까요?

법률상 근로자에 해당하는 경우 법적으로 많은 보호를 받습니다. 그 법들은 대부분 사용자에 의무를 지우고 지키지 않았을 때 처벌하는 내용을 규정합니다. 그 이유는 근로자는 사회적 약자이기 때문입니다.

노동법은 사용자의 입장에서는 의무이고 근로자의 입장에서는 권리가 되는 것입니다.

근로기준법이라는 말은 들어보았을 것입니다. 근로기준법은 근로 조건의 최저기준을 정한 법입니다. 이 조건 밑으로는 안 된다는 최소한의 강제 조건이라는 뜻입니다.

물론 더 좋은 조건은 당연히 가능합니다.

근로기준법에서 근로자란 직업의 종류와 관계없이 임금을 목적으로 사업이나 사업장에 근로를 제공하는 자를 말합니다.

좀 더 세분화해서 들어보면 '직업의 종류와 관계없이'라는 말은 직업의 종류가 근로자인가를 판단하는 기준이 아니라는 말입니다.

'임금'이란 사용자가 근로의 대가로 근로자에게 임금, 봉급 그 밖에 여러 명칭으로 지급하는 일체의 금품을 말합니다.

'사업이나 사업장'이란 말도 등장하는데 반드시 영리 추구를 목적으로 하는 사업을 말하는 것은 아닙니다. 그러기에 교회, 절 같은 종교단체와 의료법인, 학교법인 등도 사업 또는 사업장에 해당하는 것입니다.

이제 법이 근로자를 어떻게 판단하는가가 좀 명확해졌습니다.

근로기준법의 목적은 사회적 약자인 근로자를 보호하기 위한 것입니다.

사용자와 근로자간의 관계는 사용종속관계입니다. 즉 사용자에게 종속된다는 의미입니다.

자본이나 경영권을 쥐고 있는 사람이 그에 따른 권력을 누리는 것이 자본주의 사회의 현실입니다. 근로자를 보호해야 한다는 생각은 여기에서 출발합니다. 자본이라는 권력이 종속관계에 있는 근로자의 인권을 침해할 수도 있기 때문입니다.

근로기준법은 강행규정

앞장에서 근로자에 대해서 살펴보았습니다. 이번 장에서는 사용자에 대해서 알아볼까 합니다.

근로기준법에서는 사용자를 '사업주 또는 사업경영 담당자, 그밖에 근로자에 관한 사항에 대하여 사업주를 위하여 행위 하는 자를 말한다. 라고 정의합니다.' (근로기준법 제2조, 제2호)

가만히 살펴보면 사용자라는 뜻을 정의한다기보다는 사용자에 해당하는 자의 종류를 규정하고 있습니다. 이런 이유는 근로자를 사용하는 주체로써 근로자를 보호하는 법규를 지킬 의무가 있는 대상을 규정하기 위해서입니다. 일정한 의무를 지닌다는 것은 의무를 지키지 않으면 처벌의 대상이 된다는 것입니다.

사용자는 근로기준법에서 세 종류로 구분됩니다. 다음과 같습니다.

1 근로기준법은 직원 편이다

사용자	범위
사업주	근로기준법에서 사업주는 대표와 법인까지 통칭합니다.
사업경영담당자	법인회사에서 대표이사나 경영진을 말합니다.
근로자에 관한 사항에 대하여 사업주를 위하여 행위 하는 자	대법원 판례에서는 근로자의 인사, 급여, 후생, 노무관리 등 근로조건의 결정 또는 업무상의 명령이나 지휘, 감독을 하는 등의 사항에 대해 사업주로부터 일정한 권한과 책임을 부여받은 사람으로 풀이합니다.

 초보 사장님

사장 모르게 부장이 부하 직원의 근로조건을 위반했다면 사장도 처벌을 받나요?

 택스 코디

사장이 아예 몰랐더라도 부장의 행위에 대해 책임(벌금형)을 집니다.

만약 사장이 부장의 잘못된 행위를 알고서도 적극적으로 막지 않고 내버려 두었다면 사장도 행위자로서 징역 또는 벌금형에 처하게 됩니다.

모든 법은 그 법을 지켜야 할 대상을 규정합니다. 그 대상이 법을 몰라서 지키지 않은 행위에 책임이 없다고 하지 않습니다. 정리하면 사용자가 근로기준법에 관해서 알든 모르든 법을 지킬 의무가 있고 의무를 위반하면 처벌을 받게 됩니다.

이를 강행규정이라고 표현합니다. 근로기준법은 대부분 강행규정으로 사용자가 법을 위반하게 되면 과태료, 벌금, 징역 등의 형사처분을 받게 됩니다.

① 근로기준법은 직원 편이다

근로계약서 작성이 먼저다

근로계약서란 회사가 인력을 채용하고 근로자는 일을 하고 회사로부터 그 대가를 지급받기로 약정하고 작성하는 근로계약 문서를 말합니다.

근로계약을 체결할 때는 반드시 국가가 정한 근로기준법에 의거하여 정해야 합니다. 근로기준법에 정하는 기준에 달하지 못하는 근로조건의 경우, 그 부분에 한해 무효라 할 수 있습니다.

사용자는 근로계약을 체결할 때, 근로자가 알아야 할 사항인 임금, 근로시간, 기타 근로조건 등을 명시해야하며 명시된 내용이 사실과 다르게 운영될 경우 근로자는 근로조건의 위반으로 인한 손해배상을 청구할 수 있습니다.

근로계약서는 법적으로 규정된 양식은 정해져 있지 않으며, 서면으로 남기지 않고 구두로 근로계약을 체결할 경우 분쟁이 생기면 책임의 문제가 발생하므로 문서로 명확히 하는 것이 바람직합니다.

근로계약서는 2부를 작성해야 합니다. 사용자와 근로자 각 1부씩 보관합니다.

가능한 근로를 시작하기 전에 작성하는 것이 좋습니다. 이따금 하루 일하고 잠수를 탄 직원의 근로계약서 미 작성으로 문제가 되는 것을 보곤 합니다.

'사용자는 근로계약을 맺은 뒤, 계약 내용이 잘 나타나있는 서면을 근로자에게 교부해야 합니다.(근로기준법 17조) 이를 위반하면 500만 원 이하의 벌금에 처해지게 됩니다. (114조)'

근로계약서 미 작성으로 고발된 경우, 단시간 근로자인 경우에는 처음 고발 되었을 때는 10 ~ 50만 원 정도의 벌금이 부과된다고 합니다.(이 부분은 딱히 정해진 것은 없습니다. 참고만 하세요)

근로계약서에는 임금의 구성 항목, 임금의 계산방법, 지급방법, 퇴직급여, 근로시간, 휴일 및 휴가, 근로기간 등의 근로조건을 명시마고 서로 합의하에 작성해야 합니다.

앞서 얘기했듯이 근로계약서를 작성하지 않고 서로 간에 구두로 합의한 것은 의미가 없습니다.

연봉금액에 퇴직금 포함이라는 문구를 넣어 근로계약서를 작성했다면 별도의 퇴직금을 주지 않아도 되지만 구두 상으로 합의한 경우에는 사업주가 증명하기 어렵기 때문에 퇴직금을 지급해야 합니다.

국가에서 지원하는 고용지원금을 적용받기 위해서도 근로계약서는 필수입니다.

몰라서, 시간 없어서, 귀찮아서 뒤로 미루는 사장님들이 제법 많이 있습니다.

근로계약서 미작성시 벌금이 부과된다는 사실을 모르는 이들도 상당수 입니다.

그리고 최저시급의 금액 보다 임금을 적게 주는 경우도 있는데 이러한 경우가 발각 되면 3년 이하의 징역 또는 2천만 원 이하의 벌금에 처해집니다.

사람간의 일, 특히 공적인 일이라면 확실히 해두는 것이 가장 좋습니다. 그래야 나중에 뒤탈이 없습니다.

근로계약서에 추가로 기재하면 좋은 내용

근로계약서에 추가로 기재하면 좋은 내용은 아래와 같습니다.

수습기간을 명시하면 좋습니다. 왜냐하면 수습기간 동안은 수습사원이 업무에 부 적응할 경우에는 해고가 자유롭기 때문입니다. 3개월 이내의 수습기간에 대해서는 임금을 감액하여 지급해도 됩니다. 단, 감액한 금액이 최저임금의 90% 이상이어야 합니다. 단순노무자의 경우에는 감액할 수 없습니다.

※ 단순노무자 : 경비원, 청소원, 주유원, 매장 정리원, 주방 보조원, 패스트푸드 준비원 등

[수습기간 작성 예시]

수습기간	3개월	수습기간 급여	정상급여의 90%

1. 수습기간 종료 14일 이전에 정규직 채용 또는 미채용에 대한 공지를 해야 하며, 별도의 공지를 하지 않은 경우, 자동으로 정규직으로 전환된다.

① 근로기준법은 직원 편이다

2. 수습기간 중 근무태도, 업무능력, 건강상태, 복무규율 준수 등을 종합적으로 판단하여 업무수행 부적격, 고객과 분쟁 및 민원발생 등이 있는 경우 사용자는 언제든지 직권으로 본채용을 거부할 수 있다.

그리고 퇴직 절차를 명시하면 좋습니다.

근로자는 언제든지 자유롭게 회사를 퇴직하고 다른 회사를 선택할 수 있습니다. 사용자가 이를 제한할 수는 없지만 퇴직의 절차를 명시하고 이를 준수하도록 규정은 가능합니다. 규정을 지키지 않고 퇴직을 한 직원은 계약위반에 대한 책임과 무단결근에 따른 징계해고도 가능합니다.

[퇴직금과 퇴직절차 작성 예시]

퇴직금	1. 1년 이상 근속한 경우에 지급하며, 근로기준법 및 근로자 퇴직급여보장법에 관한 규정을 준수한다. 2. 사용자는 법정퇴직금 이상의 퇴직금을 지급하며, 퇴직연금제도를 설정하여 이를 대체할 수 있다.
퇴직 절차	1. 근로자는 사직일로부터 30일 전에 사직서를 제출하고 업무인수인계 후 퇴직하여야 한다. 2. 근로자는 사직서 제출과 함께 사용자 소유의 제반 비품을 반납하여야 한다.

마지막으로 계약해지 사유를 명시하면 좋습니다.

단시간 근로자의 경우에는 무단결근을 해지의 사유로 하고, 계약직 근로자의 경우에는 계약의 만료, 근무성적 불량 등의 사유가 발생하면 해지를 할 수 있도록 근로계약서에 기재할 수가 있습니다. 취업규칙에도 채용서류의 허위기재, 무단결근, 회사지시 불응 등의 사유를 기재하면 좋습니다.

[해지조건에 대한 작성 예시]

근로 계약의 해지 사유	1. 근로계약기간이 종료되었을 경우 2. 사용자 또는 회사의 재산을 절취 또는 사전 허가 없이 사외로 반출한 경우 3. 인사구비서류에 허위사실(경력, 학력, 신원 등)을 기재했을 경우 4. 업무태도나 근무성적이 극히 불량하고 개선의 여지가 없다고 판단되는 경우 5. 회사의 허락 없이 불법 집단행동을 주도하거나 가담한 경우 6. 부서가 폐지, 축소되거나 당해 업무의 소멸 또는 작업량 감소 등 경영상의 사유로 감원이 불가피한 경우 7. 기타(이 계약을 지속하기 어려운 사유가 발생한 경우)

근로계약서에 기재해도
효력이 발생하지 않는 내용

사업주가 노동법의 가장 기본적인 것을 숙지하지 못하여 문제가 발생하는 경우가 빈번합니다.

사업주는 직원을 채용하게 되면 최저임금 이상의 임금을 지급하고, 휴게시간과 주휴시간을 부여해야 합니다. 1년 이상 근무한 근로자가 퇴직을 하는 경우에는 퇴직금을 지급해야 합니다.

이러한 내용은 구두로 계약하는 것이 아니라 서면으로 작성해야 합니다.

간혹 근로계약서에 구두 상으로 합의한 것을 기록하는 사장님들이 있는데 아래와 같은 내용은 기록을 하더라도 의미가 없습니다.

[근로계약서에 기재해도 효력이 발생하지 않는 규정]

1 근로자가 근로계약을 불이행하는 경우에 사용자에게 일정액의 위약금을 지급하기로 약정한 규정

사장님! 노무? 어렵지 않아요

2 근로자가 근로계약을 불이행하는 경우에 손해발생 여부나 실 손해와 관계없이 사용자에게 일정액의 손해배상금을 지급하기로 미리 약정한 규정

(근로자의 부정행위, 사용자가 제 3자에게 부담한 실 손해에 대한 구상권 행사를 금지한 것은 아닙니다.)

3 사용자가 전차금 기타 근로할 것을 조건으로 하는 전대채권과 임금을 상계하는 것에 대한 규정 (근로자의 자유의사에 의한 상계는 적용합니다.)

4 근로자의 임금 중 일부를 근로자의 의사에 반하여 저축하도록 강요하는 규정

 초보 사장님

직원이 돈이 급히 필요하다고 퇴직금을 먼저 받고 싶다고 합니다. 직원은 퇴직 시 퇴직금을 절대 청구하지 않겠다는 각서를 쓰겠다고 하는데 어떻게 할까요?

 택스 코디

갑과 을이 모두 자유의사로 합의하여 쌍방 모두가 좋은 것을 '계약자유의 원칙'이라 합니다.

그러나 근로기준법의 대다수는 '강행규정'으로 당사자의

의사와는 관계없이 적용됩니다. 강행규정에 위배되는 내용을 당사자 간의 합의, 동의서, 각서 등은 모두 무효입니다.

질문의 경우도 근로자퇴직급여보장법 조항은 강행규정입니다. 그러기에 직원이 적은 각서 또한 효력이 없습니다.(공증을 받았다 해도 마찬가지입니다.)

 초보 사장님

옆집 사장님은 근로계약서를 작성할 때 '직원이 갑자기 그만두면서 회사에 손해가 발생하는 경우에는 1개월분 임금을 받지 않는다.'는 조항을 넣어 둔다고 합니다. 적어두는 것이 좋겠죠?

택스 코디

갑작스런 직원의 퇴사로 손해가 발생한 경우, 손해배상 청구가 불가능한 것은 아니지만, 직원이 그만두었음으로 인해 손해를 입었다는 것을 입증하기가 매우 어렵습니다. 왜냐하면 법은 직원은 언제든 그만둘 자유를 가진 사람이라고 인정하기 때문입니다.

근로기준법에서는 사용자는 근로계약 불이행에 대한 위

약금 또는 손해배상액을 예정하는 계약을 체결하지 못 한
다. 라고 명시되어 있습니다. 따라서 옆집 사장님의 조항은
무효가 됩니다.

상시근로자 수가 중요하다

노무 공부를 하다보면 5인 미만 사업장인지, 5인 이상 사업장인지에 따라 규정이 달라지는 것을 볼 수 있습니다. 여기서 기준 인원은 상시근로자 수를 말하는 것입니다.

그러면 상시근로자 수는 어떻게 계산이 되는가를 살펴보겠습니다.

직원 9명을 고용하는 A식당, 월-금 4명이 근무하고, 주말(토, 일)에는 5명이 근무한다고 가정했을 때 상시근로자 수를 계산해 볼까요. (주말근로자는 15시간미만으로 주휴수당이 없다고 가정)

주중근로자는 주휴일 포함해서 총 6일을 근무하는 것이고, 주말근로자는 총 2일을 근무하는 것입니다.

그러므로 일주일 중 6일을 근무하는 인원은 4명, 2일을 근무하는 인원은 5명이 됩니다.

따라서 6+6+6+6+2+2+2+2+2=34로 계산됩니다.

34를 1주일(7)로 나누어주면 약 4.86이 되어서 5인 미만 사업장이 되는 것입니다.

 초보 사장님

파견근로자도 상시근로자에 포함되나요?

택스 코디

상시근로자란 파견근로자, 도급(용역)근로자 등 간접 고용
되는 근로자를 제외하고 직접 고용되는 근로자는 고용 형
태를 불문하고 모두 포함됩니다.

실제 고용되어 있는 기간제 근로자, 단시간 근로자, 일용
직 근로자, 계약직 근로자도 상시근로자입니다.

상시 5인 미만의 근로자를 사용하는 사업장이라면 근로기준법
의 일부가 적용되지 않습니다.

적용이 되지 않는 주요 내용은 다음 표와 같습니다.

적용배제 내용	적용이 되지 않는 결과
해고동의제한	특별한 제한 없이 임의로 근로자를 징계하거나 해고할 수 있다. 단, 출산휴가기간 및 그 후 30일, 산재요양기간 및 그 후 30일 동안은 어떠한 이유로도 해고가 금지된다.
연차, 생리 휴가	연차, 생리휴가를 부여할 법적 의무가 없다.
근로시간의 제한	1일 8시간, 1주 40시간의 법정 근로시간제가 적용되지 않으며, 연장근로에 대한 제한도 없다.
연장, 야간, 휴일근로에 따른 할증임금	연장, 야간, 휴일근로에 대해서 할증임금(50%)을 지급할 의무가 없다.
휴업수당	사용자 측 사정으로 일하지 못했던 기간에 대해서 평균임금의 70%의 휴업수당을 지급할 의무가 없다.

상시근로자수 5인 미만 사업장에도 적용되는 근로기준법 주요 내용은 다음와 같습니다.

1 해고 예고제도

정당한 이유가 없어도 해고할 수는 있지만 해고 30일전에 예고해야 합니다. 예고 없이 즉시 해고하려면 30일분의 통상임금을 지급해야 합니다.

② 출산휴가

임신한 여성근로자에 대해서 총 90일의 출산휴가를 줘야 합니다. 90일 중 60일은 회사에서 통상임금을 지급해야 합니다. 출산휴가기간과 그 후 30일 동안은 절대로 해고할 수 없습니다.

③ 임산부 야간 및 휴일 근로 금지

임신한 여성 근로자는 야간근로 (밤 10시부터 새벽 6시)와 휴일근로를 시킬 수 없습니다.

④ 휴게시간

근로시간이 1일 8시간 이상인 경우, 1시간 휴게시간을 근로시간 도중에 줘야 합니다.

⑤ 주휴일

1주일에 소정근로시간을 만근한 경우 1일 이상의 유급 휴일을 줘야 합니다.

⑥ 임금대장 작성 및 보관

근로자에게 지급되는 임금대장을 작성하고 3년간 보관해야 합니다.

⑦ 육아휴직

근로자는 자녀가 만 6세 이하로 초등학교 취학 전이면 1년 이내의 육아휴직을 부여받을 수 있습니다.

8 퇴직금제도

1년 이하 근속근로자에게는 퇴직금을 지급할 법적의무가 없습니다.

 초보 사장님

상시근로자 10인 이상 사업장에는 적용되는 근로기준법은 무엇이 있나요?

택스 코디

상시근로자 10인 이상 사업장에는 해당 사업장에 적용할 취업규칙 (사규, 규정, 지침 등)을 작성하여 노동부 장관에게 신고해야 합니다.

취업규칙을 신고하지 않으면 500만 원 이하의 과태료가 부과됩니다. 취업규칙은 향후 노사분쟁에 중요한 단서가 될 수 있기 때문에 일정한 양식에 따라 작성하는 것이 좋습니다.

(고용노동부에서 제공하는 취업규칙 양식을 해당 사업장 환경에 맞게 반영하면 됩니다.)

사장님! 노무? 어렵지 않아요

취업규칙을 작성, 변경하기 위해서는 근로자 과반수로 조직된 노동조합의 의견, 노동조합이 없는 경우에는 근로자 과반수의 동의를 받아야 합니다.

빨간 날은 휴일?

법정휴일이란 주휴일과 근로자의 날(매년 5월 1일)을 말합니다.

주휴일은 1주 동안 소정근로일수를 개근한 경우 1일의 유급휴일을 부여하는 것을 말합니다. 단시간 근로자라 하더라도 1주에 15시간 이상을 근무하면 주휴일을 부여해야 합니다.

1주일 중 소정근로일수가 5일인 경우 법정 유급휴일은 1일(통상 일요일)입니다. 꼭 일요일이 아니어도 되고 매 주마다 주휴일이 같아야 하는 것도 아닙니다. 근로계약 체결 시 주휴일을 특정해야 합니다.

만약 주휴일을 변경해야 한다면 사업주가 일방적으로 변경할 수 없고 근로자의 동의를 구해야 합니다.

교대제 근무형태와 같이 특정한 휴일을 주휴일로 정하기가 어려운 경우에는 근로계약서에 '휴일은 근무스케줄 표에 따른다.'라고 규정하면 됩니다.

초보 사장님

일용직 근로자도 주휴일을 보장해야 하나요?

 택스 코디

주휴일은 계약 형태에 상관없이 요건을 충족하면 부여해야 합니다.

일용직 근로자라 하더라도 근로관계가 반복되어 일정기간을 계속 근로하여 주휴일의 요건을 충족했다면 주휴일을 부여하고 주휴수당을 지급해야 합니다.

[휴일에 대한 근로계약서 작성 예시]

휴일	1. 주휴일은 매주 일요일로 하고 근로자의 날(5월1일)은 유급휴일로 한다. 2. 제 1항에도 불구하고 1주 동안 소정 근로일을 근로하지 않은 경우에는 주휴일을 무급으로 한다. 3. 제 1항에서 정한 휴일이 중복될 경우에는 하나의 휴일로 취급한다. 4. 제 1항의 주휴일과 회사에서 지정한 휴일, 휴가는 업무상 필요에 의해 사전 동의로 다른 근로일로 조정, 대체할 수 있다.

연차	연차휴가에 관한 내용은 근로기준법에서 정하는 연차휴가에 관한 규정을 준수한다.

연차휴가에 대한 규정은 취업규칙에 상세히 정하고, 근로계약서에는 취업규칙에 따른다. 라고 해도 무방합니다.

 초보 사장님

공휴일(빨간 날)은 법정휴일이 아닌가요?

 택스 코디

공휴일은 관공서의 공휴일에 관한 법률에 따른 휴일이지 일반 근로자들의 법정휴일이 아닙니다. 즉 공무원들에게 주어지는 휴일입니다.

노사간 합의하에 유급휴무, 무급휴무로 정할 수 있습니다. 취업규칙 등에 무급휴무로 정한 경우에는 종업원이 출근하지 않으면 임금을 주지 않아도 됩니다. 그러나 유급, 무급을 정하지 않은 경우에는 수년간 관례적으로 근로자를 쉬게 하고 임금을 지급해 왔으면, 해당 공휴일은 유급휴무로 인정하게 됩니다.

　근로기준법 시행령의 개정으로 민간기업도 2020년 1월 1일부터는 공휴일을 유급휴일로 근로자에게 부여해야 합니다. (300인 이상 사업장부터 순차적으로 적용됩니다.)

휴게시간? 대기시간?

어중간한 3시 ~ 5시경 식당을 가면 영업 준비 중, 브레이크타임 등이 붙어 있고 식당 문이 닫혀 있습니다. 예전에는 잘 볼 수 없었던 광경입니다.

매장에 손님이 없더라도 문을 열어두고 손님을 언제든 맞이할 수 있는 경우라면 대기시간이 되고 문을 닫아 둔 경우에는 휴게시간이 됩니다.

휴게시간과 대기시간을 구분해야 하는 이유는 대기시간은 근로시간에 포함이 되고 휴게시간은 근로시간에 포함이 되지 않기 때문입니다.

운전기사인 A씨는 사장을 거래처와의 약속 장소인 음식점에 모셔드립니다. 사장은 음식점 앞에서 '이따가 봅시다.'라고 얘기를 합니다. 이럴 경우에는 A씨는 사장이 나올 때까지 무작정 기다려야 하는 상황입니다. 휴게시간이 아니라 대기시간이 되는 것입니다.

만약 사장이 '2시에 봅시다.'라고 말을 했다면 A씨는 2시까지는 자유로운 시간이 되어 휴게시간이 됩니다.

처음의 경우처럼 사장이 시간을 정하지 않으면 대기시간이 되어 임금을 지급해야 합니다.

근로시간은 실 구속시간을 의미합니다. 즉 회사의 지휘, 감독 하에 있는 시간이 근로시간이 되는 것입니다.

가령 직원이 일찍 출근해서 커피를 마시는 시간은 근로시간이 아닙니다.

 초보 사장님

근로 대기시간도 휴게시간에 포함되나요?

 택스 코디

휴게시간의 목적은 근로자가 근로함에 있어서 생기는 피로를 회복시켜 근로의욕을 확보 유지하기 위함입니다.

근로자가 자유롭게 이용하는 것이 원칙이며 근로자가 사용자의 지휘 감독으로부터 벗어나 자유로이 사용할 시간을

1 근로기준법은 직원 편이다

휴게시간이라 합니다.

근로기준법에는 8시간 근무에 1시간, 4시간 근무에 30분 이상의 휴게시간을 부여해야 한다. 고 명시되어 있습니다.

실제 근로제공은 없지만 언제 근로제공의 요구가 있을지 모르는 상태에서 기다리는 대기시간은 휴게시간으로 볼 수 없습니다.

[소정근로시간과 휴게시간 작성 예시]

| 평일 (월~금)
근무일수 (5) | 09:00~18:00 | 휴게
시간 | 1차 - 12:00~13:00 |
| | | | 2차 - |

근무시간이 4시간을 초과할 경우 30분의 휴게시간, 8시간을 초과할 경우 1시간의 휴게시간을 주어야 합니다.

감시 단속적 근로자란 노동의 강도 및 밀도가 낮고 신체적 피로나 정신적 긴장이 적은 업무에 종사하는 근로자를 말합니다.

수위업무, 화재감시, 물품감시 등과 같이 신체적 정신적 업무의 과중이 없이 감시하는 일을 감시적 근로라고 합니다. 근로형태가 간헐적, 단속적인 일이란 휴게시간과 대기시간이 많은 임원의 운전기사 등을 말합니다.

감시 단속적 근로자는 고용노동부 장관이 승인이 필요하며, 승인을 받은 경우에는 근로기준법상의 근로시간과 휴게, 휴일 규정이 적용되지 않습니다. 그러므로 주휴수당과 각종 가산 수당을 지급하지 않아도 됩니다.

법정기준 근로시간의 초과

 초보 사장님

　법에서 정하고 있는 기준 근로시간이 주 40시간으로 알고 있습니다. 5일을 근무할 경우 하루 8시간이 되는데 근무시간을 초과할 수는 없나요?

택스 코디

　주 40시간이 법으로 정해져 있다고 하나 근로자와 합의를 하면 1주간에 12시간을 초과하지 않는 범위에서 연장근로를 시킬 수 있습니다.

　단, 연장근로, 야간근로, 휴일근로에 대해서는 일당의 50%를 추가로 지급해야 합니다. (상시근로자 수가 5인 미만의 사업장에서는 적용 의무가 없습니다.)

18세 미만 연소근로자의 경우에는 법정 기준근로시간은 주 40시간으로 동일하나 1일 최대근로시간은 7시간이며 합의하에 연장근로는 가능하나 1일 1시간, 주 6시간으로 제한되어 있습니다. 야간, 휴일근로 시에는 근로자 본인의 동의와 고용 노동부장관의 동의가 있어야 합니다.

근로기준법에는 1주, 법정 근로시간을 40시간, 연장근로를 12시간으로 정하여 주 52시간 근무를 규정하고 있습니다.

그러나 고용노동부 행정해석을 통해 1주의 범위를 월요일에서 금요일까지로 한정하여, 휴일에 근무하는 16시간은 연장근로가 아닌 휴일근로로 하여 주 68시간 근무가 이루어지고 있습니다.

그러나 2018년 2월 국회를 통과한 법 개정으로 1주의 기준을 7일로 명확히 하여 휴일근로도 연장근로에 포함시켜 1주 최대 근로시간을 52시간으로 한정하게 되었습니다.

개정된 근로기준법에는 기업의 규모별로 적용시기를 차등하게 적용합니다. 근로자 300인 이상의 사업장과 공공기관은 주 52시간 근로 제도를 2018년 7월 1일부터 실시하였습니다.

1 근로기준법은 직원 편이다

초보 사장님

그럼 근로자 수에 따라서 적용시기가 달라진단 말이네요. 조금 자세히 설명해주세요.

 택스 코디

근로사 수가 50인 이상 300인 미만 사업장은 2020년 7월 1일부터 시행되고 근로자수가 30인 이상 50인 미만 사업장은 2021년 7월 1일, 근로자 수가 30인 미만 사업장은 2023년 7월 1일 부터 시행됩니다.

노선버스를 제외한 육상운송업, 수상운송업, 항공운송업, 기타 운송 관련 서비스업, 보건업은 주 52시간 근로 제도를 적용받지 않습니다.

특례업종을 제외한 모든 업종은 종업원 수에 따라 점차적으로 근로자를 주 52시간 이상 근로시킬 수 없습니다.

급여대장의 기록이 중요하다

 초보 사장님

급여를 아래와 같이 190만 원을 주고 있는데도 최저임금 위반이라고 합니다. 뭐가 잘못된 건가요?

항목	기본급	식대	상여금	직책수당	합계
금액(만 원)	140	10	20	20	190

 택스 코디

지급하는 급여는 190만 원이나 최저임금법 위반이 맞습니다.

최저임금 계산에서 제외되는 식대, 상여금, 직책수당을 제외하면 140만 원으로 근로시간(209시간)으로 나누면 시급은 6,699원이 되기 때문입니다.

① 근로기준법은 직원 편이다

이를 해결 하려면 두 가지 방법이 있습니다.

첫 번째는 기본급을 40만 원 더 인상하여 기본급이 180만 원이 되면 최저시급 이상이 됩니다.

항목	기본급	식대	상여금	직책수당	합계
금액(만 원)	180	10	20	20	230

두 번째는 상여금과 수당을 기본급에 편입하는 것입니다. 그러면 기본급이 180만 원이 되어 최저시급 이상이 됩니다.

항목	기본급	식대	상여금	직책수당	합계
금액(만 원)	180	10	–	–	190

이런 식으로 급여대장을 관리하면 최저임금법에 위반되지 않습니다.

해고예고수당 안줘도 되는 경우

근로기준법 제26조에 의거하여 사용자가 근로자를 해고하기 위해서는 해고일로부터 최소30일 전에 해고사실과 해고 일을 통보해야 합니다.

미리 예고하지 않은 경우에는 30일분 이상의 통상임금을 해고예고수당으로 지급해야 합니다.

근로기준법에 따른 해고예고를 지키지 않을 경우, 2년 이하의 징역 또는 1천만 원 이하의 벌금에 처합니다. (근로기준법 제110조)

[해고 예고를 하지 않아도 되는 경우]

· 근로한 기간이 3개월이 안 되는 일용근로자
· 근로기간을 2개월 이내로 정한 근로자
· 수습중인 근로자
· 천재지변 등으로 사업이 불가능한 경우
· 근로자가 의도적으로 사업에 지장, 재산상의 손해를 입힌 경우

해고 예고는 반드시 서면으로 근로자가 이를 직접 전달받아 확인해야 합니다.

[해고 예고를 할 때 반드시 기재할 사항]

· 근로자의 인적사항(성명, 소속부서, 직급 등)
· 해고 예고일
· 해고일
· 구체적인 해고사유

[해고 예고수당의 지급기준일]

예를 들어 2월 28일 해고예고를 하였고 실 해고일이 3월 31일 이라면 해고예고수당을 지급할 필요가 없습니다.
그런데 해고 예고일이 3월 2일이면 30일분 이상의 통상임금을 지급해야합니다.

사업주가 명시적으로 '그만두라'는 취지의 말을 안 했어도 직원들을 어쩔 수 없이 그만두게 했다면 해고에 해당해 해고 예고수당을 줘야 한다는 대법원 판결이 나왔습니다.최근 판례를 인용하면 대법원 2부(주심 박상욱 대법관)는 식당종업원이던 전모씨 등 2명이 주인 김모씨를 상대로 해고 예고수당을 달라고 낸 소송 상고심에서 원고패소 판결한 원심을 깨고 사건을 원고승소 취지로 춘천지법

민사항소부에 돌려보냈다고 밝혔습니다.

강원도에서 식당을 운영하던 김씨는 2016년 11월 30일 전씨 등 종업원 4명에게 '식당 운영에 실패한 것 같다. 12월엔 월급마저 지급을 못할 상황이 올 수 있을 것 같다'는 내용의 문자메시지를 보냈습니다. 김씨가 이튿날에도 비슷한 취지로 말하자 이들 4명은 식당을 그만뒀습니다.

이후 전씨 등은 해고 예고수당을 받지 못했다며 한 달 치 임금에 해당하는 200만 원 정도의 돈을 달라는 소송을 했습니다.

재판에선 전씨 등이 식당을 그만둔 게 자발적 사직인지, 식당 주인에 의한 해고인지가 쟁점이 됐습니다.

1심은 식당 사장의 손을 들어줬습니다. 2심도 "김씨가 4명 전원을 해고했다고 인정하기 부족하고, 이 중 일부를 해고하려는 의사가 있었다 해도 해고될 사람이 누군지 특정되지 않은 이상 4명 중 누구도 해고 예고수당 대상이 되지 않는다."며 원고 패소 판결을 했습니다.

2심은 당시 식당 매출규모가 적지 않았고 점심시간엔 통상 손님 수십 명이 찾아 적어도 종업원 2~3명은 반드시 필요했고, 김씨가 명시적으로 '그만두라'는 취지의 말을 한 적이 없다는 점도 근거로 들었습니다.

① 근로기준법은 직원 편이다

하지만 대법원은 "형식적으로는 4명이 자진해 식당을 그만둔 것처럼 보일지라도, 실질적으로는 김씨의 일방적 의사로 사직의 사가 없는 4명이 어쩔 수 없이 사직하게 해 근로계약관계를 종료시킨 것이므로 해고"라고 판단했습니다.

재판부는 "김씨가 식당의 정상적 운영을 위해 적어도 2~3명의 종업원이 필요했다면 4명 중 해고할 사람을 특정했어야 함에도 이를 근로자 선택에 맡기는 형식을 취하며 4명 모두의 자진사직을 유도했다"면서 "'계속 일해도 월급을 주지 못할 수 있다'는 취지의 말을 한 건 일방적으로 해고의 의사표시를 한 것"이라고 밝혔습니다.
이어 "원심 판단엔 해고에 관한 법리를 오해한 위법이 있다"며 2심 재판을 다시 하라고 결정했습니다.

직원과 어떤 이유로 실랑이를 하다가 '계속 그렇게 한다면 관둬'라고 얘기를 했다고 합시다. 화가 나서 한 말이었는데 다음 날 직원이 출근을 하지 않았습니다. 연락을 해도 받지를 않고 그만두었나 보다 생각했는데, 3개월 후에 노동청에서 부당해고 신청이 접수되었다고 연락이 옵니다.
직원이 그만 둔 것일까요? 회사가 해고를 한 것일까요?

사직은 직원이 그만두겠다는 의사를 표시한 것이고, 해고는 회사가 그만두라는 표시를 한 것입니다.

직원은 언제든지 근로계약을 해지할 수 있지만, 회사는 정당한 이유가 있어야 해지가 가능합니다.

그만두면서 분쟁이 일어났을 경우에는 해고인지 사직인지가 중요합니다. 해고인가 사직인가를 입증하는 책임은 회사가 입증해야 합니다. 회사가 사직임을 입증하지 못하면 해고한 것이 됩니다.

사직서는 근로계약관계를 끝내는 중요한 문서입니다.

사직서는 꼭 서면으로 받아야 할 의무는 없습니다. 휴대폰 문자 메시지나 카톡 등으로도 사직임은 입증이 가능합니다.

권고사직의 경우 근로자와 사용자가 근로관계의 종료에 대한 의사의 일치로 이루어지는 행위를 말합니다.

당사자 간에 합의가 되었다는 사실이 중요한 것 입니다.(구두상의 의사의 일치는 아무런 의미가 없습니다.)

⑴ 근로기준법은 직원 편이다

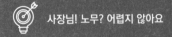 **사장님! 노무? 어렵지 않아요**

직원등록을 왜 해야 하나?

원천세 신고, 한 번만 해보면 쉽다

원천세 기한 후 신고

근로자 판단기준, 사용종속성

인건비 신고의 구분

상용근로자의 원천징수

비과세되는 근로소득

일용직 비과세 기준 금액 인상, 지급명세서 제출 기한 변경

가족의 직원등록

직원등록 해? 말어?

직원등록,
한 번만
해보면 쉽다

직원등록을 왜 해야 하나?

　인건비를 지급하고 필요경비로 처리하기 위해서는 원천세를 신고, 납부해야 하고 지급명세서를 제출해야 합니다.

　원천세 신고는 급여를 지급할 때 세금을 제한 후 급여를 지급하고, 급여를 지급한 다음달 10일까지 신고, 납부를 해야 합니다. 상시 근로자수가 20인 이하인 소규모 사업자는 반기별 납부를 신청하면, 반기별로 납부가 가능합니다. 반기별 승인 신청기간은 6월과 12월에 신청이 가능합니다.

　지급명세서란 직원별로 1년간 지급한 총 금액과 징수한 세금이 얼마인지 정리하여 분기말일의 다음달 10일, 다음 연도 2월 말 또는 3월 10일까지 제출해야 하는 서류를 말합니다.

　일용직 직원이라면 2019년부터 분기의 마지막 달의 다음 달 10일까지 지급명세서를 제출해야 합니다. 기타소득, 이자 및 배당소득 등은 다음 연도 2월말까지 제출해야 합니다.

사장님! 노무? 어렵지 않아요

근로소득, 퇴직소득, 사업소득의 경우는 1월 ~ 6월 근로소득, 사업소득 지급명세서는 7월 10일까지 제출을 해야 하고 7월 ~ 12월 근로소득, 사업소득 지급명세서는 다음해 1월 10일까지 제출을 해야 합니다.

이 두 가지 서식을 제출하지 않고 비용을 인정받으려면 인건비의 1%의 가산세가 발생합니다.(기한 경과 후 3개월 이내에는 0.5%)

🗨️❓ **초보 사장님**

직원의 급여를 계좌이체하면 종합소득세 신고 시 인건비 처리가 가능한가요?

💡 **택스 코디**

단순히 직원에게 급여를 지급한다고 인건비 처리가 되는 것이 아닙니다. 종합소득세 신고 시 직원의 급여를 필요경비 처리하기 위해서는 직원등록의 절차를 거쳐야 합니다. 직원에게 급여를 지급하고 직원 등록을 해야 하는 경우에는, 세무서와 공단 모두에 신고를 해야 합니다.

사업주 입장에서 직원 등록을 하는 이유는 인건비를 필요경비 처리를 하기 위해서 입니다. 단순히 인건비를 처리

🗂️ 직원등록, 한 번만 해보면 쉽다

하기 위한 목적이라면. 세무서에 원천세 신고만 하여도 필요경비 처리는 가능합니다.

 초보 사장님

그러면 공단에 4대보험 가입은 하지 않이도 필요경비 처리는 가능한가요?

택스 코디

이론상으로는 가능합니다.

그러나, 국세청의 전산과 공단 전산은 연동이 되기에 드러납니다. 만약 원천세 신고를 3년간 하였다면, 추후 3년간의 4대보험 누락 금액은 한 번에 추징을 당합니다.

또 많이 적발되는 경우는 국민건강보험공단에서 3년에 한 번씩 사업장 지도 점검을 나올 때 입니다. 종종 몇 년 치 4대보험 누락 금액의 미납으로, 사업주의 재산이 압류를 당하는 경우를 보곤 합니다.

그러므로 직원 등록은 세무서와 관리공단 모두에 신고를 해야 합니다. 직원등록을 하기 위한 원천세 신고와 4대보험 가입신고는 이번 장, 다음 장에서 알기 쉽게 다루겠습니다.

사장님! 노무? 어렵지 않아요

원천세 신고, 한 번만 해보면 쉽다

원천세가 무엇인가부터 알아볼까요.

원천세 신고를 하지 않고 직원의 4대보험만 가입하였다고 경비 처리가 가능한 줄 아는 사장님들이 다수 있습니다. 완전 잘못된 생각입니다.

원천세란 소득을 지급할 때, 지급하는 사람에게 일정 금액을 미리 떼어내어 세금으로 납부하는 제도입니다.

직원이 급여를 받을 때도, 프리랜서로 일하고 대가를 받을 때도, 심지어 하루 일당이 15만 원이 넘는 일용직이라면 해당 소득에 대해 원천징수할 세금이 발생합니다.

원천징수는 사업자 등이 소득을 지급할 때 소득자를 대신하여 미리 일정 금액을 국가에 납부하는 것입니다.

사업자는 원천징수 대상 소득을 세무서에 신고해야 비용으로 인정받을 수 있습니다.

그럼 원천세는 언제 신고하고 납부를 해야 하는가도 알아보겠습니다.

매월 지급한 소득에 대해 다음달 10일까지 신고 및 납부를 해야 합니다.

근로자수가 평균 인원 20인 이하의 사업장에서는 반기납부 신청이 가능합니다. 반기납부를 하는 경우에는 상반기(1월-6월)가 종료된 후 다음 달인 7월 10일까지, 하반기(7월-12월)가 종료된 후 다음 달인 1월 10일까지 원천징수 이행상황신고를 하고 납부하면 됩니다.

더불어 원천징수한 세액을 종합하여 지급명세서를 제출하는데, 원천징수 이행상황신고서와 지급명세서의 내용은 일치해야 합니다.

절세의 기본은 신고 기간 내에 신고를 하고 납부하는 것입니다.

개인사업자의 세금 신고, 납부 기간을 다음의 표로 간단히 정리해보았습니다.

[개인사업자 세금신고 종류 및 신고기간]

종류	과세기간	신고기간	비고
부가가치세	일반과세자 1월 1일-6월 30일 7월 1일-12월 31일	일반과세자 7월 25일 다음해 1월 25일	신고불성실, 납부불성실 가산세
	간이과세자 1월 1일-12월 31일	간이과세자 다음해 1월 25일	
종합소득세	1월 1일-12월 31일	다음해 5월 31일	신고불성실, 납부불성실 가산세
원천세	매월 또는 반기별 1월 1일-6월 30일 7월 1일-12월 31일	매월 납부 다음달 10일	신고불성실, 납부불성실 가산세
		반기별 납부 7월 10일, 다음해 1월 10일	
지급명세서	분기별(일용직) 또는 1년에 2회	분기의 다음달 10일 1월, 7월	미제출시 가산세

원천세 신고의 의미는 소득을 지급하는 자의 비용을 인정하고, 소득을 지급받는 자의 수입금액을 확인하는 작업이기도 합니다. 지급명세서 제출이라는 작업을 통해 소득의 귀속자를 구체화 시키는 것입니다.

② 직원등록, 한 번만 해보면 쉽다

원천세 기한 후 신고

직원을 고용한 사업주라면 매달 10일은 원천세 신고기한임을 숙지해야 합니다.

세법상으로는 급여를 지급한 달의 다음달 10일까지 신고를 해야 한다고 명시되어 있습니다. (휴일이 겹쳤을 경우에는 그 다음 업무일로 자동연장)

정기 신고기한까지 신고를 하지 못했을 경우, 기한 후 신고를 통하여 추후 비용으로 인정받을 수 있습니다.

[신고방법]

홈텍스에서도 가능하고, 방문, 등기를 이용한 서면 신고도 가능합니다.

[기한 후 신고 가산세 계산법]

(납부세액 × 3%) + (납부세액 × 3/10,000 × 가산일수)

어떤 신고든 신고가 누락되거나 기한이 지나버리면 가산세가 붙습니다.

원천세의 경우 매달 이뤄지는 것이고, 10일이라고 정해져 있기 때문에 습관을 들이는 것이 중요합니다.

인건비 신고를 누락하는 사업장이 많은 게 현실입니다.

직원이 신용불량자 또는 기초수급자등의 이유로 소득이 노출되면 안 되는 경우가 많으니까요. 사업주의 입장에서는 인건비 신고를 하지 않으면 결과적으로 인건비를 필요경비로 처리하지 못하기 때문에 세금이 증가할 수밖에 없죠.

초보 사장님

신고하지 않은 인건비를 그냥 필요경비로 처리하면 어떻게 되나요?

택스 코디

적격증빙 과소수취로 사후 안내문을 통하여 수정신고를 해야 합니다. 당연히 가산세는 부담해야 합니다.

② 직원등록, 한 번만 해보면 쉽다

초보 사장님

직원이 4대보험 가입을 하지 않았으면 퇴직금을 주지 않아도 되나요?

택스 코디

근로기준법에는 4대보험 가입유무와 상관없이 계속근로기간이 1년 이상 근로자에게는 무조건 퇴직금을 지급하라 명시되어 있습니다.

초보 사장님

퇴직금을 월급에 포함시켜 지급해도 되나요?

택스 코디

근로계약서상에 그런 규정을 명시하였다 하여도 급여에 추가한 퇴직금은 상여금으로 간주되어, 오히려 실 지급할 퇴직금이 늘어나게 됩니다.

근로자 판단기준, 사용종속성

도급계약이란 어떤 일을 완성하도록 하고 그에 대한 대가를 지불하는 관계를 말합니다.

저와 같은 작가들은 출판사와 도급계약을 맺습니다. 출판사는 작가에게 책 한권을 써달라고 의뢰하고 책의 대가를 치르기로 하면 그 관계는 도급관계가 되는 것입니다.

도급계약과 근로계약은 다른 것입니다.

근로계약을 맺은 근로자들은 부당하게 해고를 당했다면 해고기간 동안 못 받은 임금을 받고 복직할 수 있으며 퇴직금도 받을 수 있습니다. 근무 중에 다쳤다면 본인의 과실여부와 상관없이 산재 보상 혜택도 받을 수 있습니다.

그러나 도급관계에서는 고용안정이 보장되지 않고 당연히 퇴직금도 해당 사항이 없습니다. 일하다 다쳐도 상대방의 과실이 있을 때만 손해 배상 청구를 할 수 있습니다.

보험설계사, 학원 강사, 위탁판매원, 텔레마케터, 채권추심원 등이 대표적 예입니다.

위의 직업들을 가진 사람들은 대가를 봉급이나 임금으로 표현하지 않고 수수료, 강사료, 공임, 공급단가 등으로 말합니다. 그리고 근로계약서를 쓰지 않고 위탁계약서 또는 도급계약서를 작성합니다.

도급관계로 계약을 하면 사업주는 4대보험을 납부하지 않아도 되고, 원천징수를 3.3%(사업소득세)하면 됩니다. 사업주의 입장에서는 어찌 보면 도급계약이 굉장히 유리해 보입니다.

그런데 무조건 도급계약이 가능할까요?

최근 대법원 판례에서는 채권추심원의 도급계약은 무효로 판정하고 퇴직금을 지급하라는 판결을 내렸습니다. 그러나 모든 채권추심원이 근로자로 인정받는 것은 아닙니다. 상황에 따라 근로자로 볼 수도 있고 아닐 수도 있습니다.

상황에 대한 판단 기준은 사용종속성에 근거합니다.

문제는 항상 직원과 헤어질 때 생깁니다. 대부분의 사람들은 만날 때 더 서로 간에 신경을 씁니다. 그러나 헤어질 때 잘 헤어지는 것이 더 중요할 수 있습니다.

근로계약이 아닌 도급계약을 체결하고, 기본급이 없고 4대보험을 가입하지 않았다고 근로자가 아닌 것은 아닙니다. 즉, 계약의 형태가 판단 기준이 아닌 것입니다. 근로계약의 가장 중요한 판단 기준은 사용종속성입니다.

최근 대법원 판례에는 기본적인 급여가 없고 성과급 형태로만 보수가 지급된 채권추심회사 직원의 경우에도 근로자로 인정을 하였습니다.

위임계약서를 작성하고 성과급에 대한 수당으로 보수를 받았지만, 임금을 목적으로 종속적인 관계에서 근로를 제공하였다고 판단한 것입니다.

초보 사장님

사용종족성을 판단하는 기준이 따로 있나요?

택스 코디

법원이 사용종속성을 판단하는 기준은 아래와 같습니다.

□ 업무내용이 사용자에 의해서 결정되는가의 여부
□ 회사의 복무규정을 적용받는가의 여부
□ 근무시간과 장소의 구속 여부
□ 업무 수행 중 상당한 지휘 감독을 받는가의 여부

□ 작업도구를 사용자가 제공하였는가의 여부

□ 관계의 계속성/ 전속성이 있는가의 여부

도급, 위임 계약을 하고 3.3%만 원천징수하고 있더라도 사용종속성의 기준에 따라 근로자로 판단할 수가 있습니다.

직원을 고용할 때 편법으로 프리랜서 계약을 하고 3.3% 원천징수를 한 뒤 경비처리를 하는 경우가 종종 있습니다. 그 직원이 그만두고 퇴직금 지급 관련으로 분쟁이 생기는 경우가 발생합니다. 앞장에서 보았듯이 근로기준법은 근로자의 편이므로 대다수의 경우 사용종속성에 근거하여 근로자의 손을 들어주게 됩니다.

인건비 신고의 구분

원천징수를 할 때 소득의 종류별로 원천징수하는 방법이 다릅니다. 어떻게 소득을 구분하는가를 먼저 살펴보겠습니다.

먼저 각 소득의 정의부터 알아볼까요.

🔳 근로소득

근로소득은 종합소득세 대상 중에서 연말정산으로 그 신고의무가 끝이 나는 소득입니다. 다른 소득은 다음해 5월 납세자가 직접 종합소득세 신고를 해서 신고와 납부를 해야 합니다. 다른 소득은 대부분 원천징수 세율로 정해져 있어서 단순하게 계산되지만, 근로소득의 원천징수 세액은 소득금액과 가족 수에 따라 결정됩니다.

🔳 사업소득

사업소득은 장부를 기록하고 다음해 5월 종합소득세 신고를 통해 납부를 해야 합니다.

프리랜서, 의료보건용역 (건강보험공단, 지방자치단체, 보험회사 등이 지급하는 경우)의 경우에 원천징수를 하고 지급하는 것이 일반적입니다. 원천징수세율은 지급하는 소득의 3.3%(소득세 3% + 지방세 0.3%)입니다. 사업소득을 지급하는 사업자는 지급하는 소득의 3.3%를 원천징수하고 나머지의 소득을 지급합니다.

3 기타소득

다른 소득에 포함되지 않는 소득입니다. 기타소득의 원천세율은 22%(소득세 20% + 지방세 2%) 입니다.

인적용역 기타소득에 해당하면 60%의 경비를 인정받습니다. 예를 들면 100만 원의 기타소득이 발생하면 60만 원의 경비를 인정받아 소득은 40만 원이 되어 22%인 88,000원을 원천징수하게 됩니다.

좀 쉽게 학원강사 A의 사례를 들어 보겠습니다.

[사례 1]
　　A가 학원원장의 지시에 따라서 일정한 시간에 출, 퇴근하며 지시된 강의를 하고 수입을 얻는다면, 이는 근로소득입니다. 근로소득만 있는

사장님! 노무? 어렵지 않아요

경우에는 연말정산을 통해서 종합소득세 신고, 납부의 의무는 종결됩니다.

[사례 2]

A가 학원과 협의해서 강의를 어떻게 할지, 수강료는 어떻게 나눌지를 결정하고 출, 퇴근 시간에 제약을 받지 않고 강의료를 받는 경우라면 사업소득입니다. 5월 종합소득세 신고, 납부를 해야 합니다.

[사례 3]

A가 주업이 따로 있고 학원의 요청으로 비정기적으로 강의를 하고 강의료를 받는다면 기타소득입니다. 기타소득은 다른 소득으로 구분되어 지면 우선적으로 다른 소득으로 구분되고, 구분되지 않는 경우에 한해 기타소득이 됩니다.

그리고 퇴직소득 등으로 구분되어 집니다.

회계 업무에서 인건비를 지급하는 데 해당되는 인건비 신고를 근로소득으로 해야 할지, 사업소득으로 해야 할지, 또는 기타소득으로 해야 할지 등이 헷갈리는 경우가 종종 있습니다.

일반적으로 고용관계 계약에 따라 비독립적인 인적 용역인 근로를 제공하고 지급받은 소득은 근로소득에 해당됩니다.

고용관계 없이 독립된 자격으로 계속적으로 용역을 제공하고 지급받는 대가는 사업소득에 해당됩니다.

일시적으로 용역을 제공하고 지급받는 대가는 기타소득에 해당됩니다.

[근로소득으로 보는 주요 사례]

- □ 근로계약이 아닌 연수협약에 의해 연수생에세 지급하는 연수수당
- □ 장기근속 근로자에게 지급하는 금품(포상금)
- □ 근로자가 근무시간 외에 사내교육을 실시하고 지급받는 강사료
- □ 퇴직 후 지급받는 성과금
- □ 근로자 파견계약에 따라 파견근로자를 사용하는 사업주가 직접 파견근로자에게 별도로 지급하는 수당 등

개인사업자 종합소득세 추계신고에는 단순경비율에 의한 신고와 기준경비율에 의한 신고가 있습니다. 기준경비율의 크기가 단순경비율의 크기보다 작습니다. 그 이유는 기준경비율에 의한 신고를 할 때에는 주요경비(매입비용, 임차료, 인건비)가 적격증빙이었을 경우에는 경비로 인정을 해주기 때문입니다.

초보 사장님

프리랜서에게 지급한 비용은 기준경비율로 신고 시 비용 처리가 되나요?

 택스 코디

추계신고란 장부 작성을 하지 않은 사업자들이 신고를 하는 방식입니다.

직원이 아닌 프리랜서에게 처리된 인건비는 추계신고 시 주요경비로 처리되지가 않습니다. 경비로 인정을 받으려면 장부를 작성해서 신고를 해야 합니다.

2 직원등록, 한 번만 해보면 쉽다

상용근로자의 원천징수

소득 금액을 지급하는 자가 소득을 지급할 때 근로자의 세액을 징수하여 국가에 대신 납부하는 것을 '원천징수한다.'라고 합니다. 앞서 예기했듯이 도급계약을 맺은 프리랜서는 3.3%를 원천징수하면 됩니다.

근로계약을 맺은 근로자의 원천징수에 대해 살펴보겠습니다.

근로자는 계약에 따라 상용근로자와 일용근로자로 나누어집니다.

상용근로자에게 급여를 지급할 때 근로소득간이세액표(국세청 홈페이지에서 확인 가능)에 의해 소득세 및 지방세를 원천징수하게 됩니다. 원천징수한 세액은 다음 달 10일까지 국세청에 납부해야 합니다.

[근로소득자 간이세액표 예시]

월급여액 (단위 : 원) (비과세소득 제외)		공제대상 가족의 수				
이상	미만	1	2	3	4	5
2,000,000	2,010,000	19,520	14,750	6,600	3,220	0
3,000,000	3,010,000	84,850	67,350	32,490	26,690	21,440
4,000,000	4,010,000	211,160	183,150	124,800	106,050	89,190
5,000,000	5,010,000	363,910	325,150	256,300	237,550	218,800

만약 공제 대상 가족이 1명인 상용근로자에게 월 200만 원의 급여를 지급할 경우 매월 19,520원의 소득세와 1,950원의 지방세를 원천징수하여 세무서에 납부하면 됩니다.

상용근로자 또는 프리랜서를 고용하고 근로소득 또는 사업소득을 원천징수하고 나서 지급명세서를 제출해야 합니다.

종전에는 1월~12월의 근로소득, 사업소득 지급명세서를 연 1회 제출하였는데, 2019년부터는 근로장려금 반기 지급 제도가 시행되기에 연 2회 제출을 해야 합니다.

1월 ~ 6월 근로소득, 사업소득 지급명세서는 7월 10일까지 제출을 해야 하고 7월 ~ 12월 근로소득, 사업소득 지급명세서는

1월 10일까지 제출을 해야 합니다.

제출 기간을 넘기면 1%의 가산세가 부과됩니다. (제출기한이 지난 후 3개월 이내에 제출하면 0.5%의 가산세가 부과됩니다.)

지급명세서에 기록 사항은 인적사항, 근무기간, 지급금액 등을 기재하면 됩니다.

비과세되는 근로소득

근로소득이란 근로계약에 의해 근로를 제공하고 지급받는 대가로 급여, 세비, 상여금 등이 해당됩니다.

모든 근로소득에 대해서 과세되는 것은 아니고 비과세되는 근로소득은 아래와 같습니다.

1. 실비변상적인 급여 – 일 숙박료, 여비 등

2. 자가용 운전보조금 (월 20만 원 이내의 금액)

3. 국외 근로소득
   국외에서 근로를 제공하고 받는 금액 (월 100만 원 이내의 금액) 원양어업 선박, 외국항행선박의 종업원이 받는 급여, 국외 건설현장에서 받는 금액 (월 150만 원 이내의 금액)

4. 월 10만 원 이하의 식대

5. 생산직 근로자의 연장시간근로수당 등 (월정액 급여가 210만 원 이하이고, 총 급여가 연 2,500만 원 이하인 경우, 연간 240만 원 이하의 수당이 비과세)

6. 기타

장해급여, 유족급여, 실업급여 등, 근로자 본인의 학자금, 출산, 6세 이하 자녀 보육 수당 (월 10만 원 이내의 금액)

예를 들어, 300만 원의 급여를 받는 근로자의 경우 본인 소유의 차량을 업무에 시용하면 20만 원이 비과세 적용되고, 점심 식사를 회사에서 지원하지 않는다면 추가로 10만 원이 비과세 되고, 5세 미만의 자녀가 한 명 있다면 추가로 10만 원이 비과세 적용됩니다. 따라서 40만 원의 비과세되는 소득을 제외한 260만 원을 기준으로 원천징수하여 세금을 계산합니다.

일용직 비과세 기준 금액 인상, 지급명세서 제출 기한 변경

 초보 사장님

정식 직원과 일용직 직원을 구분하는 기준이 있나요?

택스 코디

하루를 단위로 일당을 받는 노동자나 고용 계약기간이 정해져 있는 기간제 노동자를 일용직 근로자라고 합니다.

세법에서는 3개월 이상 근무하는 경우에는 상용직으로 보니 3개월 근무 기간을 일용직과 상용직을 구분하는 기준으로 봐도 무방할 듯합니다.

일용직 근로자의 일당 15만 원까지는 비과세가 됩니다. 15만 원 이상을 받는 경우에는 원천징수하여 다음 달 10일까지 관할 세

2 직원등록, 한 번만 해보면 쉽다

무서에 납부해야 합니다.

  그리고 매년 2월, 4월, 7월, 10월에 전 분기에 대한 일용직 지급명세서를 제출해야 합니다.

  2019년 1월 1일부터 일용직 비과세 한도가 15만 원으로 상향 조정 되었습니다.

[일용직 세금 계산 방법]

소 득 세 = (일급여 - 15만 원) × 6% × (1 - 0,55)%

지방소득세 = 소득세 × 10%

  위 공식으로 계산함에 따라 일용직 일당이 15만 원 이상의 임금이라면 세금이 과세 됩니다.

  그런데 일용직 일당이 15만 원이 넘어가더라도 세금을 내지 않는 경우도 존재합니다.

  예를 들어 일당이 187,000원 이라 가정해보면,

(187,000원 - 150,000원) × 6% × (1 - 0.55)% = 999원

그런데 세법에서는 소액부징수라는 규정이 존재하여 세금이 1.000원 미만이면 징수하지 않게 됩니다.

다만, 한 달 중 187,000원의 일당을 받는 날이 하루라면 소액부 징수규정이 적용되지만, 187,000원으로 10일 근로를 제공했다 면 9.990원으로 규정이 적용되지 않고 분리과세가 됩니다.

일용직 근로자에게 소득을 지급하였다면 이에 대한 지급명세서를 제출해야 합니다. 지급명세서를 제출해야 일용노무비 비용을 인정받을 수 있습니다. 이를 제출하지 않으면 지급 총급여액의 1%가 가산세로 부과됩니다.

지급명세서에는 근로자의 인적사항 (성명, 주민등록번호, 주소)과 사업체 의 직종, 노무제공일수, 노무비총액, 소득세, 주민세, 차감지급액, 영수인 등을 기재해야 합니다.

지급명세서 제출 기한은 해당 노무비를 지급한 지급일이 속하는 분기의 마지막 달의 그 다음달 10일까지로 변경이 되었습니다.
(휴업, 폐업 또는 해산한 경우에는 사유발생일이 속하는 달의 다음 달 10일까지)

예를 들면 1분기(1월~3월) 노무비를 지급하면 4월 10일까지 지급 명세서를 제출해야 합니다. 종전에는 말일까지였지만 앞당겨진 만큼 잘 챙겨 가산세를 무는 일이 없어야겠습니다.

일용직 등록절차에 대해 간단히 정리해 보겠습니다.

2 직원등록, 한 번만 해보면 쉽다

1. 근로내용확인신고서라는 신고서 양식에 근로일수/ 시간/ 직종 등을 기입하여 근로복지공단에 제출해야 합니다. 근로 제공일의 다음달 15일까지 신고해야 하며, 미제출시는 인당 5만원의 가산세가 부과됩니다.

2. 상용직과 마찬가지로 원천징수 이행상황신고서를 작성하여 지급일의 다음달 10일까지 신고하면 됩니다. 중요한 것은 원천징수를 하지 않아 지급액이 없다고 하여도 신고 의무는 있다는 것입니다.

3. 지급조서 제출 의무가 있습니다.
   매 분기의 다음달 10일까지 즉 4월, 7월, 10월, 2월 10일까지 3개월간 지급한 근로내역에 대한 지급명세서를 국세청 또는 관할세무서에 제출해야 합니다. 미제출시 가산세가 있으므로 주의해야 합니다.

정리해보면 일용직 근로자를 고용하고 급여를 지급하였다면, 근로내용확인신고서를 근로가 발생한 다음달 15일까지 근로복지공단에 신고합니다.

원천징수 이행상황신고서를 작성하여 지급월의 다음달 10일까지 관할세무서에 제출합니다.

매분기 다음달 10일까지 지급명세서를 제출합니다.

가족의 직원등록

 예비창업자

가족 창업을 고민 중입니다. 동업이 유리할까요? 직원으로 등록하는 것이 유리할까요?

택스 코디

동업을 하게 되면 소득금액이 지분별로 분리되어 종합소득세 인하 효과가 있고, 직원으로 등록을 하면 경비처리가 가능하며 건강보험료가 직장으로 전환되는 효과가 있습니다. 동업이 나을 지 직원으로 등록으로 하는 것이 나을지는 처한 상황에 따라 조금 다를 수 있습니다.

공동명의로 사업자등록을 하면 소득세 부담은 줄어들지만, 공동명의자 모두 국민연금과 건강보험료를 납부해야 합니다.

동업을 하는 가족이 소유재산이 많다면 국민연금, 건강 보험료가 많이 인상될 것이기 때문에 직원등록이 유리할 것으로 보입니다. 재산이 없다면 공동명의로 해도 상관없 겠으나 동업가족에게 사업소득이 발생하므로 그 배우자는 소득공제에서 가족공제를 받지 못하게 됩니다.

공동명의로 할 지, 직원으로 등록할지는 사업자가 치한 상황에 따라 어떤 소득이 얼마나 발생하는지, 보험료와 관 련하여 보유한 재산이 어느 정도인지 등을 고려하여 유리 한 방향으로 결정을 해야 합니다.

최근 들어 가족을 직원으로 고용하는 사업장이 크게 증가하고 있습니다.

세법에서는 실질적으로 근로를 제공하고 근로한 급여를 받는다 면 가족도 근로자로 인정하고 있습니다.

그런데 가족은 특수 관계자이므로 다른 직원에 비해 과도한 급 여를 책정하여 필요경비를 처리하면 과다경비로 보여 질 수 있으 니 주의해야 합니다.

개인사업자는 지출하는 인건비만큼 필요경비가 늘어나서 소득 세를 줄일 수 있습니다.

가족을 직원으로 고용하는 경우에도 4대보험에 가입해야 합니다.

그런데 근로기준법에서는 가족을 근로자로 보지 않기에 고용보험과 산재보험은 가입할 수 없습니다. 그러나 국민연금과 건강보험은 납부를 해야 합니다.

 초보사장님

1인사업장 입니다. 건강보험료가 지역가입자로 책정되어 부담이 됩니다. 가족을 직원으로 등록을 하면 어떤 이점이 있나요?

 택스 코디

가족을 고용하여 근로자가 단 한명이라도 생기면, 건강보험료가 직장가입자로 전환이 되어 절감 효과를 볼 수 있습니다. 더불어 직원의 식대비는 복리후생비라는 계정을 통하여 부가가치세 매입세액공제도 가능합니다. 종합소득세 신고 시 인건비를 지출하였으므로 필요경비 처리도 가능합니다.

가족을 직원으로 등록하여 필요경비 처리를 하기 위해서

는 급여를 지급한 날의 다음달 10일까지 원천세 신고를 해야 합니다.

건강보험과 국민연금의 사업자부분 납부는 물론, 지급명세서를 제출하여 직원임을 증빙하는 것이 중요합니다.

직원등록 해? 말어?

인건비를 경비처리 하기 위해서 직원등록을 할까 하는데, 직원이 4대보험이 차감되어 급여를 주니 꺼립니다. 아는 사장님은 자기가 직원의 4대보험료를 대납하고 직원등록을 한다고 합니다. 인건비를 비용처리 하지 않으면 종합소득세 폭탄을 맞는다고 하는데 걱정이 이만저만 아닙니다.

택스 코디

인건비를 경비처리 하기 위해서는 원천세를 신고, 납부해야 합니다. 그러면 4대보험도 의무 가입 대상이 됩니다.

4대보험은 통상적으로 사업주가 급여의 9%, 근로자가 급여의 8%정도를 부담합니다. 직원 입장에서는 급여의 8%를 받지 못하니 꺼릴 수도 있습니다.

그런데, 모든 경우에서 직원등록을 하고 인건비를 경비 처리하는 것이 득일까요?

사업주가 단순경비율 추계신고 대상자라면 인건비를 경비처리한다는 자체가 의미가 없습니다. 단순경비율로 종합소득세를 추계신고 한다는 것은 일정한 비율만큼 경비를 인정해 준다는 뜻입니다.

추계신고란 소득금액을 추정하여 계산한다는 뜻 입니다. 세법에선 각 업종별로 경비율을 만들어 놓았습니다. 대다수 서비스업의 경우에는 단순경비율은 70%전후 입니다.

작년 수입금액이 5천만 원이고, 단순경비율을 70%로 가정하여 필요경비를 계산해 보면

필요경비 = 수입금액 × 단순경비율
5천만 원 × 70% = 3천 5백만 원

장부 작성을 하지 않더라도 3천 5백만 원의 경비를 인정해 준다는 뜻 입니다. 즉 직원등록을 했든 안했든 3천 5백만 원의 경비는 인정이 되는 것입니다.

그리고 질문의 사례처럼 직원의 4대보험 금액까지 대납을 한다면 급여의 17%정도를 사장님이 부담한다는 것인데, 만약 종합소

득세 세율이 15%이하라면 직원 등록하는 것이 계산상으로는 손해입니다.

예를 들어, 직원의 1년 급여가 2,000만 원 이고 사장님이 직원의 4대보험까지 대납을 한다고 가정하여 계산해 보겠습니다.

종합소득세 세율을 15%라고 가정했을 때 절세 금액은 2,000만 원 × 15% = 300만 원이 됩니다.

그러나 1년 동안 4대보험 부담 금액은 2,000만 원 × 17% = 340만 원이 됩니다.

위의 경우라면 직원 등록을 하게 되면 종합소득세는 절세가 될 수도 있으나, 4대보험 부담금액이 있으니 결론적으로 사장님은 40만 원을 손해 본 것이 됩니다.

세금은 숫자로 계산이 됩니다. 직원 등록을 할지, 말지 여부는 추계신고(단순경비율) 대상인지, 사장님의 종합소득세 세율은 몇%인가에 따라서 결정하면 됩니다.

때에 따라서는 인건비 처리를 위해 직원 등록하는 것이 유리하지 않을 수도 있습니다.

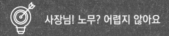

사장님! 노무? 어렵지 않아요

4대보험만 가입했다고 인건비 처리를 할 수 있는 것이 아니다
4대보험, 가입 제외대상
4대보험료를 줄이는 방법
일용직 직원도 4대보험에 가입?
아르바이트 직원 일용직 VS 프리랜서
산재처리, 실업급여
두루누리 지원사업
일자리 안정자금

4대보험
꼭 들어야
하나요?

③

4대보험만 가입했다고
인건비 처리를 할 수 있는 것이 아니다

근무하는 직원이 4대보험에 가입되어 있으니 인건비 처리가 저절로 된다고 생각하는 사장님들이 다수 있습니다.

앞장에서 다루었듯이 인건비 처리는 원천세 신고와 지급명세서 제출로 가능하게 되며 원천세 신고를 하게 되면 공단에서도 확인이 가능하므로 4대보험을 가입해야 합니다. 한 번 더 강조하지만 4대보험만 가입했다고 인건비 처리를 할 수 있는 것은 아닙니다.

그럼 이번 장에서는 4대보험에 관해 알아보겠습니다.

4대보험은 국가에서 모든 국민에게 의무적으로 가입하도록 한 국가보험입니다. 국민연금, 건강보험, 고용보험, 산재보험이 해당됩니다. 모든 국민은 가입 형태에 따라 아래와 같이 구분됩니다.

[4대보험 가입 형태]

직장가입자	사업장에 고용된 근로자와 그 사용자 (고용주)
피부양자	직장가입자에게 생계를 의존하여 보험료를 내지 않는 국민
지역가입자	직장가입자가 아닌 개인사업자 등 소득이 있는 모든 국민

직원이 없는 개인사업자는 지역가입자인 것입니다. 프리랜서의 경우도 지역가입자로 분류됩니다.

보험료는 가입 형태에 따라 산정되는 방식이 다릅니다. 아래와 같습니다.

[4대보험 가입 형태에 따른 보험료 산정 방식]

직장가입자	근로소득의 일정 비율을 납부
피부양자	납부하지 않음
지역가입자	소득과 보유 재산에 따라 납부

가족 구성원 중 직장가입자가 없는 경우는 모두가 지역가입자로 분류되어 모든 가족은 보험료를 납부해야 합니다. 세대주에게 일괄 청구됩니다.

③ 4대보험 꼭 들어야 하나요?

꿀팁 하나만 먼저 소개하고 이 장을 시작할까 합니다.

많은 사장님들이 직원 면접을 보고난 후에 다음달 1일부터 출근하라는 말을 하는데, 직원등록은 매월 1일은 피하는 게 좋습니다. 이유는 아래와 같습니다.

국민연금과 건강보험은 당월 1일 입사자만 보험료가 고지됩니다. 1일 이후 입사자는 당월 고지 여부를 선택할 수 있으므로 이를 살 활용하면 한 달 치 보험료는 절약할 수 있습니다.

따라서 매월 1일만 피해서 직원을 채용하면 그 달에는 보험료를 내지 않아도 됩니다.

월급이 200만 원인 직원의 사업자가 부담해야 할 국민연금 금액은 200만 원 × 4.5% = 9만 원이고, 건강보험료는 200만 원 × 3.12% + (200만 원 × 3.12%) × 7.38 = 67.000원 입니다.

1일 날 직원등록을 하지 않으면 157,000원을 아끼게 됩니다.

4대보험, 가입제외대상

 초보사장님

직원을 고용하면 무조건 4대보험에 가입해야 하나요?

택스 코디

4대보험 가입은 선택이 아니라 의무입니다. 직원을 단 한 명만 고용해도 반드시 4대보험에 가입을 해야 합니다.

기본적으로 1인 이상 근로자를 고용하는 모든 사업장은 4대보험이 의무적으로 적용됩니다.

직원등록 후 4대보험을 가입하지 않으면 나중에 한꺼번에 추징을 당합니다.

한 달 근무시간이 60시간 미만인자(1주 근로시간이 15시간 미만인자)는 4

③ 4대보험 꼭 들어야 하나요?

대보험 의무가입 대상이 아닙니다. 그러나 1개월 이상 연속 근로 시에는 의무가입 대상이 됩니다.

4대보험 적용 제외대상을 아래표로 정리하였습니다.

[4대보험 가입 제외대상]

구분	국민연금	건강보험	건강보험	산재보험
연령	만 18세 미만 만 60세 이상	제한 없음	만 65세 이후 신규 취업자	제한 없음
초단시간 근로자 (주 15시간미만, 월 60시간미만)	적용 제외	적용 제외	적용 제외	적용
일용직 근로자 (1개월 미만)	적용 제외	적용 제외	적용	적용

국민연금, 건강보험, 고용보험은 회사와 근로자가 같이 부담하고 있고, 산재보험은 전액 회사가 부담합니다. 급여를 기준으로 얼마를 부담해야 하는 가는 다음표를 참고하면 됩니다.

[개인사업자 4대보험요율표 예시]

구분	보험요율 (%)		
	근로자	사업주	합계
국민연금	4.50	4.50	9.00
건강보험	3.06	3.06	6.12
장기요양보험(건강보험료의 6.55%)	0.20	0.20	0.40
실업급여	0.65	0.65	1.20
고용안정/ 직업능력개발사업	–	0.25	0.25
산재보험(전문기술서비스업)	–	0.70	0.70
합계	8.41	9.36	17.77

급여를 기준으로 근로자의 4대보험부담율은 8.41%, 사업주의 부담률은 9.36%가 됩니다.

직원에게 급여 지급 시 근로자의 4대보험부담 금액을 제외하고 지급하면 됩니다.

③ 4대보험 꼭 들어야 하나요?

4대보험료를 줄이는 방법

4대보험은 선택이 아니라 의무 사항이기에 내지 않을 방법은 없습니다.

그러나 비과세 급여를 이용하여 줄일 수는 있습니다. 더불어 10인 이하의 개인사업자라면 일정 요건을 충족할 경우 두루누리 지원사업을 활용하는 것도 좋은 방법입니다.

직원이 없는 1인 사업자는 건강보험과 국민연금보험이 지역보험으로 나오게 되고 고용보험은 선택사항입니다.

그런데 직원을 한 명이라도 채용하게 되면 국민연금과 건강보험을 직장가입으로 할 수가 있어 4대보험을 줄일 수가 있습니다.

국민연금의 경우 최초 가입 시 직원에게 수습기간을 두고 월급을 낮게 책정하면 수습기간이 끝나고 본래 월급을 주어도 국민연금은 정산하는 개념이 아니기에 그해 국민연금보험료를 줄일 수 있습니다.

만약 직장을 다니면서 사업을 하는 경우에는 국민연금, 건강보험이 지역에 비해 직장이 우선하므로 직장건강보험료를 내면 됩니다.

요즘 경기 불황으로 누구 할 것 없이 힘드시죠? 사업을 하다 보면 사업체는 계속 운영하지만, 여러 이유로 매출이 저조할 때가 있습니다.

이럴 땐 최장 6개월간 유예가 가능한 국민연금 납부유예 제도를 눈여겨보세요. 신청도 아주 간단합니다.

관할 지역 센터에 전화해 납부유예 신청을 하고 안내받은 팩스나 메일로 확인서 작성 후 다시 팩스나 메일로 발송 후 확인 전화만 한 번 더 하면 됩니다. 그럼 6개월은 연금을 미룰 수 있습니다.

국민연금 납부예외라는 제도도 있습니다.

지역가입자로서 폐업 또는 휴업으로 매출이 없을 때, 이런 상황이라도 여유가 있으면 똑같은 금액의 연금을 계속 납입할 수 있겠지만, 수입이나 매출이 없을 땐, 이 금액도 사실 부담 될 때가 있습니다.

수입과 매출이 전혀 없을 땐 3년 단위로 납부 예외 신청이 가능합니다.

4대 사회보험정보연계센터 (www.4insure.co.kr)에서 4대보험 금액을 간단하게 계산할 수가 있습니다.

1. 4대 사회보험정보연계센터 홈페이지 메인화면에서 자료실을 클릭합니다.

2. 자료실에서 보험료 모의계산을 클릭합니다.

3. 보험료 모의계산에서 국민연금을 클릭합니다. 월 급여를 입력하면 국민연금보험료가 자동 계산됩니다.

같은 방법으로 국민건강보험료도 계산이 가능합니다.

일용직 직원도 4대보험에 가입?

 초보사장님

일용직 직원도 4대보험에 가입해야 하나요?

 택스 코디

사업주가 일용직 직원을 고용하고 급여를 지급하였다면 고용보험 및 산재보험에 가입을 해야 합니다. 이는 근로일수나 근로기간에 상관없이 가입해야하므로 유의해야 합니다.

그리고 국민연금과 건강보험은 고용 계약이 1개월 이상인 경우에만 해당이 됩니다. 다만, 건설업일 경우에는 1개월 이상이더라도 근로계약서가 없다면 월20일 이상을 근로하지 않는다는 경우에 한하여 가입 의무가 없게 됩니다.

근로자를 일용직으로 등록하면 사업주는 국민연금과 건강보험을 의무적으로 가입하지 않아도 됩니다. (1개월 이상 고용하면 의무가입 대상입니다.) 동시에 근로자도 일용직 소득은 분리과세 대상이니 종합소득세 신고를 하지 않아도 됩니다.

어떻게 보면 직원을 일용직으로 등록을 하면 사업주와 근로자 모두에게 득이 됩니다.

그래서 사업주 입장에서 비용 처리를 위해 4대보험 가입 의무도 없는 일용직을 허위로 신고하는 경우도 많았습니다.

직원을 일용직으로 신고하게 되면 사업주는 고용, 산재보험만 가입하면 되니 4대보험의 부담이 적고, 근로자는 일용직소득은 하루 15만 원을 넘지 않으면 비과세가 되고 종합소득세 신고도 하지 않으니 일석이조일 수가 있습니다.

과거에는 이런 점을 잘 활용하여 정규직 직원도 일용직으로 많이 신고를 하였습니다.

최근에는 4대보험을 관할하는 공단에서 이를 엄격히 다루는 편입니다.

현재 공단의 일용직 판단 기준은 한 달에 8일 이하로 일을 해야하고, 급여도 80만 원 이하일 경우 일용직으로 봅니다.

일용직 근로자의 판단 기준은 세법과 4대 보험공단이 제시하는 기준이 다릅니다.

세법상 일용직 근로자로 해당되어 일용직 근로자로 국세청에 세금신고를 하면 해당 자료는 4대 보험공단으로 넘어갑니다.

4대 보험공단 기준으로 일용직이 아니라고 판단되면 미신고 4대보험료가 사업주에게 부과됩니다.

그러므로 일용직 근로자에 대해서는 세법상 기준보다는 4대 보험공단 기준에 맞추어 신고하는 것이 바람직합니다.

[일용직 근로자의 구분 기준]

세법	3개월 미만 계속 근로하는 자
4대보험	1개월 미만 근로하는 자
국민연금	1개월간 8일 미만이고 월 60시간미만 근로하는 자

일용직 근로자란 1일 단위의 계약기간으로 고용되고, 1일의 종료로써 근로 계약이 종료되는 계약형식의 근로자를 말합니다.

일용근로자는 1개월 이상 근로하고, 1개월 간 근로일수가 8일 이상이거나 근로시간이 월 60시간 이상이면 4대보험 가입대상이 됩니다.(고용과 산재보험의 경우는 무조건 가입대상이 됩니다.)

단시간 근로자란 1주 동안의 근로시간이 그 사업장에서 동종 업무에 종사하는 통상 근로자의 1주 동안의 소정근로시간에 비해 짧은 근로자를 말합니다.

1주 동안의 근로시간이 15시간 미만이고, 월 60시간 미만인 근로자를 초단시간근로자라고 합니다.

월 60시간미만의 초단시간근로자의 경우 4대보험 가입대상이 아닙니다.(산재보험은 가입해야 합니다. 1개월 이상 연속 고용 시는 가입대상이 됩니다.)

단시간근로자와 일용근로자의 차이는 근로일수에 있습니다. 일용근로자는 1개월 중 8일 이상인 경우에는 4대보험에 가입해야 하는데, 단시간근로자의 경우는 8일 이상이라 하더라도 1개월 동안 60시간 미만이면 4대보험에 가입하지 않아도 됩니다.

아르바이트 직원 일용직 VS 프리랜서

아르바이트 직원을 일용직으로 등록할 수도 있고 프리랜서 형태로 고용도 가능합니다.

각각의 경우 사업주와 직원의 4대보험과 세금은 어떤 차이가 발생하는가를 아래표로 간단히 정리해 보았습니다.

[일용직으로 신고]

구분	사업주	직원
4대보험	고용/ 산재보험료 부담	고용보험료 일부 부담
세금	일당 15만 원 초과 금액에 대해 원천징수의무	일당 15만 원까지 비과세
비고	한 달 간 8일 이상 또는 60시간이상 근무 시 2개월 이상 근무하면 국민연금에서 4대보험 부과 매월 근로복지공단에 고용, 산재 근로내용 확인신고 (지급명세서 신고 포함)	2개월 이상 근무 시 4대보험 발생 분리 과세되는 소득이라 연말정산 시 나이요건 충족 시 부양가족으로 인적공제 가능

[프리랜서로 신고]

구분	사업주	직원
4대보험	부담 없음	수입이 년 간 천만 원 초과 시 지역건강보험료 발생 (기준금액 : 사업소득금액 500만 원 이상)
세금	인건비 지급 시 3.3% 공제 후 다음달 10일까지 원천세 신고/ 납부	미리 낸 세금에 대해 다음해 5월 종합소득세 신고
비고	1월, 7월에 사업소득 지급명세서 제출 퇴직 시 근로자와의 분쟁 우려 있음	사업소득금액 1,000만 원 초과 시 연말정산 부양가족 인적공제불가

 초보사장님

직원이 4대보험 가입을 원치 않네요. 좋은 방법 없을까요?

 택스 코디

4대보험은 선택이 아니고 의무가입입니다.

직원 입장에서는 급여가 줄어드니 가입을 원치 않는 경우도 많이 발생합니다.

사장님! 노무? 어렵지 않아요

사업주는 필요경비 처리를 위해서는 가입을 해야 하고, 직원은 가입을 거부하는 것입니다.

직원에게 설득이 필요합니다. 설득 시 직원의 입장에서 설득을 하는 것이 어떨까요?

'내가 필요경비 처리를 하기 위해서'라는 표현 보다, 당신이 고용보험에 가입을 하면 퇴직 시 실업급여도 받을 수 있고, 근무 중에 다치면 산재로 보험처리도 가능하다. 그러니, 가입을 하는 것이 어떨까? 하고 말이죠.

설득의 시기는 면접을 볼 때가 제일 좋습니다. 근무한 기간이 길면 길수록 설득하기가 어렵습니다.

③ 4대보험 꼭 들어야 하나요?

산재처리, 실업급여

 초보사장님

4대보험 가입은 어떻게 하는 건가요?

택스 코디

직원을 채용 후 4대보험에 가입하기 위해선 우선 사업장에 대한 신고를 먼저 하고, 이후 각 개인별로 자격취득 신고를 해야 합니다.

사업장 신고서는 법령정보시스템 (law.co.kr)에서 '국민연금법 시행규칙'을 검색 후 '별지 제3호 서식'을 다운받아 작성 후 국민연금공단, 건강보험공단, 고용보험관리공단, 산재보험관리공단 중 1곳의 해당 지점에 우편 또는 팩스로 신고하면 4대보험을 일괄 신고할 수 있습니다.

이후 근로자는 각 관청별로 아래와 같은 기간 내에 신고를 하여야 합니다.

[신고 기간]

건강보험, 고용보험, 산재보험	입사일로부터 14일 이내
국민연금	입사한 달의 다음달 15일까지

 초보사장님

근무하는 직원이 사업장에서 넘어져서 다쳤습니다. 4대 보험에 가입되어 있는데, 산재보험으로 처리가 되나요?

 택스 코디

산재보험에 가입이 되어 있으면 병원 치료비를 사장님이 지급하지 않아도 됩니다. 과실의 유무를 따지지 않습니다. 단 산재처리는 사업주가 아니라 직원 본인이 진행하는 것이 원칙입니다.

산재 처리가 승인되면 치료비, 산재 기간 중 평균임금의 70%에 해당되는 휴업급여, 잔존 장해에 대한 장애 급여, 재발 시 재요양비 등의 혜택을 근로복지공단으로부터 받을 수가 있습니다.

그리고 사고 경위에 대한 목격자 진술서, 고용관계, 임금 수준 등의 근거 자료를 확보해 두어야 합니다.

초보사장님

직원이 그만두기로 했는데 실업급여를 받을 수 있도록 권고사직으로 처리를 해달라고 합니다. 좋은 게 좋은 거라고 그냥 그렇게 해줄까요?

택스 코디

권고사직이란 경영 등의 이유로 사업주가 먼저 사직을 권하고 직원이 합의를 해서 근로계약이 종료되는 것을 말합니다.

자진 퇴사를 거짓으로 권고사직으로 신고해서 실업급여를 받게 처리를 하면 추후에 고용 관련 지원금(일자리안정자금 등) 혜택을 받지 못할 수도 있습니다.

초보사장님

직원이 수습 기간입니다. 4대보험을 들어야 하나요?

택스 코디

수습 기간에도 엄연히 근로자입니다. 다른 근로자와 마찬가지로 똑같이 근로기준법이 적용됩니다.

4대보험 신고는 입사일로부터 14일 이내에 해야 하고, 근속연수도 입사일부터 계산해야 합니다.

간혹 수습 기간이 끝나야 4대보험 신고를 하고, 이때부터 근속기간을 셈하는 사장님들이 있는데, 이것은 위법입니다.

사장님들이 수습 기간을 두는 이유는 신규로 채용한 직원을 직접 겪어보지 않고서는 잘 뽑았는가를 판단하기 어려워서 입니다. 3개월 정도 일하는 것을 지켜보면서 그 직원이 업무를 잘 처리하는지, 특별한 문제는 없는지 확인해보고 계속 고용할 것인가를 결정할 필요도 있기 때문입니다.

수습 기간이 근로계약 체결 후 업무수행능력을 습득하기 위해 일정한 연수 기간을 정한 것에 불과하다면 일반 근로자와 동일하게 해고 사유가 엄격하게 적용됩니다. 그러나 수습 기간이 일정 기간 시험 삼아 사용하면서 그 기간 중 직원으로서의 직업 적성이나 업무능력을 평가하는 기간이라면 해고 사유를 보다 넓게 인정 받을 수 있습니다.

근로계약서에 '수습 기간 중 업무 적격성이 부족하다고 판단될 경우 본채용을 거부하고 근로계약을 해지할 수 있다.' 와 같은 내용을 직어두었다면 그 수습 기간은 사용 기간으로 볼 수 있는 것입니다. 사용을 의미하는 수습 기간은 특별한 목적에 따라 두는 기간이라는 점에서 근로 기간과 좀 다르다고 판단하기 때문입니다.

두루누리 지원사업

두루누리 사회보험료 지원 사업이란 고용보험과 국민연금의 두 가지 사회보험에 부담을 느끼는 소규모 사업장의 보험료를 지원하는 사업입니다.

지원대상과 지원 금액은 아래와 같습니다.

1 지원 대상

□ 사업기준 : 근로자 수가 10명 미만인 사업자

전년도 월평균 근로자수가 10명 미만이고, 지원신청일이 속한 달의 말일을 기준으로 10명 미만인 사업자를 말합니다.

□ 근로자기준 : 월평균 보수가 210만 원 미만인 근로자

지원신청일이 속한 전년도 재산의 과세표준액 합계가 6억 원 이상인자, 근로소득이 250만 원 이상인자, 종합소득이 220만 원 이상인자 이중 어느 하나라도 해당되면 제외대상 입니다.

☑ 지원 금액

고용보험과 국민연금의 신규가입자에게 최대 90%를 지원합니다.

☐ **신규지원자** : 5명 미만사업자 90%, 5명이상 80% 지원

☐ **기지원자** : 40%를 지원

예를 들면,

[예시 1]
☐ 근로자 수 5명 미만, 월평균 보수 160만 원인 사업주
▶ 매월 77,607원 지원
☐ 동일한 조건 근로자 ▶ 매월 74,160원 지원

[예시 2]
☐ 근로자 수 5명~10명 미만, 월평균보수 160만 원인 사업주
▶ 매월 65,920원 지원
☐ 동일한 조건 근로자 ▶ 매월 65.920원 지원

보수란 소득세법에서 근로소득에서 비과세 근로소득을 공제한 급여를 말합니다.

월평균보수란 보험료 산정 기준연도의 보수총액을 월평균으로 산정한 것으로, 월별보험료의 산정 기초자료로 활용됩니다.

'210만 원 미만'이란 근로소득에서 비과세 근로소득을 제외하고 산정한 월평균보수가 210만 원이 되지 않는 경우를 말합니다.

[비과세 근로소득의 종류]

1 직원의 식대(월 10만 원 이내)

2 고용보험법에 따라 받는 실업급여, 육아휴직 급여, 출산 전후휴가 급여, 자녀의 보육과 관련하여 사용자로 부터 받는 급여(월 10만 원 이내)

3 월정액급여 150만 원 이하로써 직전년도 총급여액이 2,500만 원 이하인 생산직 근로자, 배달 및 수화물 운반 종사자, 음식서비스, 판매, 청소, 경비 등 단순노무종사자 등에게 지급되는 연장근로, 야간근로, 휴일근로를 하여 받는 급여(연 240만 원 이내)

③ 4대보험 꼭 들어야 하나요?

일자리 안정자금

최저임금 인상에 따른 소상공인, 영세중소기업의 경영부담을 완화하고 노동자의 고용불안을 해소하기 위해 2018년부터 시행하는 지원 사업 입니다.

2018년 한해만 한시적으로 지원 하려고 했으나 2019년 현재도 시행중입니다. 최저임금 인상이 사회적으로 이슈가 되니 당분간은 지속될 것 같습니다.

지원대상, 지원요건, 지원금액, 지급방식은 아래와 같습니다.

1 지원 대상

노동자를 30인 미만으로 고용하는 모든 사업주에 대해 지원합니다. 단, 30인 미만이라도 제외대상이 있습니다. 과세소득 5억 원을 초과하는 고소득 사업주, 임금체불로 명단이 공개중인 사업주, 국가 등으로부터 인건비 재정지원을 받고 있는 사업주 등입니다.

❷ 지원 요건

월 보수액 210만 원 미만의 노동자를 고용한 사업주이어야만 합니다. 또 지원금 신청이전 1개월 이상 고용을 유지해야 합니다.

상용노동자 및 단시간노동자는 신청일 현재 고용 중이고, 이전 1개월 이상 고용이 유지된 경우 지원을 합니다.

일용노동자는 신청일 이전 1개월 동안 15일 이상 실근무한 경우 1개월 이상 고용 유지한 것으로 간주합니다.

❸ 지원 금액

월 보수 210만 원 미만의 상용노동자의 경우 월 15만 원을 지급합니다. (2019년 기준) 단시간 노동자 (주40시간미만)의 경우 근로 시간에 비례해 지급하고, 일용근로자는 월 근로일수 기준으로 비례 지급합니다.

❹ 지급 방식

직접지급과 사회보험료 대납 방식 중 선택이 가능합니다.

※ 문의 : 근로복지공단 1588-0075 / 고용센터 1530

③ 4대보험 꼭 들어야 하나요?

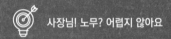
사장님! 노무? 어렵지 않아요

임금 지급의 4대원칙
꼭 지켜야 할 최저임금
주휴수당
주 6일 근로자의 월급 계산법은?
무단결근한 직원, 얼마를 제하고 줘야 하나요?
수당 산정의 기준 통상임금
퇴직금 산정의 기준, 평균임금
직원의 퇴직금 중간 정산 요구

알기 쉬운
급여
계산법

④

임금 지급의 4대원칙

근로기준법 제2조 제1항에서는 '임금이란 사용자가 근로의 대가로 근로자에게 임금, 봉급, 그 밖에 어떠한 명칭으로든지 지급하는 일체의 금품을 말한다.'라고 정의하고 있습니다.

여기서 말하는 근로의 대가란 직접적으로 제공한 근로시간이나 생산량에 따라 지급되는 것뿐만 아니라 널리 근로자의 생활을 유지하여 나가기 위하여 사용자가 고용하는 근로자에게 지급하는 것으로 지급조건이 명백한 것이라면 모두 임금에 해당됩니다.

임금을 지급 시 사용자는 다음의 4대원칙을 지켜야 합니다.

임금지급의 4대원칙이라 하면 직접불, 전액불, 통화불, 정기불의 원칙을 말합니다. 쉽게 풀이하면 임금은 근로를 제공한 근로자에게 대가를 지급할 때, 전액을 통화로 정기적으로 지급해야 한다는 것입니다. 4대원칙을 위반하는 경우에는 3년 이하의 징역 또는 2천만 원이하의 벌금에 처해질 수 있습니다.

초보사장님

직원에게 돈을 빌려주었다고 자기에게 해당 직원의 임금을 달라고 합니다.

택스 코디

'직접불의 원칙'은 근로자에게 직접 지급해야 함을 뜻합니다. 질문의 경우와 미성년자인 직원의 부모가 임금을 받아가는 것도 위법입니다.

'통화불의 원칙'이란 우리나라에서 통용되는 화폐로 지급함을 뜻합니다.

'정기불의 원칙'이란 임금을 월 1회 이상 정해진 기일에 지급함을 뜻합니다. 일급, 주급으로 주는 것은 상관없으나 1개월을 넘기는 것은 정기불의 원칙에 위배됩니다.

'전액불의 원칙'이란 전액을 주어야 한다는 뜻입니다.

초보사장님

직원이 돈을 빌려갔는데 매달 나누어 갚기로 했습니다. 급여에서 공제를 하고 줘도 되나요?

택스 코디

전액불의 원칙에 의거하여 일단 근로자에게 임금은 전액 지급해야 합니다. 그런 후에 다시 상환하기로 한 금액을 받아야 합니다.

단, 직원이 직접 회사에 갚아야 할 돈을 임금에서 공제하고 지급해줄 것을 요청한 경우라면 가능합니다. 직원의 요청이 직원의 자유로운 의사에 기한 것이 확실하다면 상계를 인정해줍니다.

꼭 지켜야 할 최저임금

국가가 임금의 최저수준을 정하고, 사업주가 정한 수준 이상의 임금을 근로자에게 지급하도록 강제하는 임금을 최저임금이라고 합니다. 직원을 1명이라도 채용하고 있는 사업장은 반드시 지켜야 합니다.

만약 종업원과 임금에 대한 합의를 하고 최저임금 이하를 지급하여도 무효가 됩니다. 위반 시 3년 이하의 징역 또는 2,000만 원 이하의 벌금이 부과됩니다.

정규직, 임시직, 계약직, 일용직, 아르바이트 등 고용형태에 상관없이 모든 근로자에게 적용됩니다.

2020년 최저임금은 8,590원이며, 이를 월급으로 계산하면 최저월급(209시간)은 1,795,310원 이 됩니다.

초보사장님

최저임금에 산입되는 임금은 무엇이고 제외되는 임금은 무엇인가요?

택스 코디

2019년 법이 개정되어 기존에 포함되지 않았던 상여금과 식비, 숙박비, 교통비 등으로 지급하는 일부 금액이 최저임금을 산정할 때 포함됩니다.

매월 1회 이상 정기적으로 지급하는 상여금과 현금으로 지급하는 복리후생비의 경우 최저임금을 기준으로 산정된 월 환산액의 25%, 7%를 초과하는 부분은 최저임금에 산입합니다. 2019년 최저임금 8,350원을 기준으로 계산하면 상여금 436,287원, 복리후생비 122,161원이 기준 금액이 됩니다.

결혼수당, 연차휴가 근로수당, 연장근로수당, 근로자의 가족수당, 주택수당, 통근수당 등은 최저임금에 산입되지 않습니다.

초보사장님

임금을 구성할 때 각종 수당을 나누는 이유는 무엇인가요?

 택스 코디

회사 사정으로 임금을 삭감할 상황이 생기면 기본금과 달리 수당은 상황에 따라 줄이거나 없애기가 편하기 때문입니다.

통상임금을 낮추는 역할을 하기에 초과근무에 따른 연장, 야간, 휴일 수당 등의 가산금이 줄어드는 효과도 있습니다.

평균임금을 낮추는 역할을 하기에 퇴직금도 낮아집니다.

그러나 최근 대법원 판례는 근로자가 사용자로부터 받는 모든 금품을 포함하는 것으로 확정되었습니다. 임금 구성을 복잡하게 할 이유가 점점 사라지는 것이죠.

 초보사장님

법정근로시간을 근무하는 근로자의 월 급여는 얼마가 될까요?

택스 코디

2020년 최저임금은 8,590원으로 결정 되었습니다.

먼저 1주 근무시간을 계산해 볼까요.

40시간(법정근로시간) **+ 8시간**(주휴시간) **= 48시간**

그럼 한 달 근무시간을 계산해볼까요.

48시간(1주 근로시간) **× 4.345주**(1개월 평균) **= 209시간**

이제 월 급여를 계산해 볼까요.

209시간 × 8,590원 = 1,795,310원

한 달 급여액은 1,795,310원이 됩니다.

사장님! 노무? 어렵지 않아요

주휴수당

근로기준법 제55조에 따르면 사용자는 일주일동안 소정의 근로일수를 개근한 근로자에게 1주일에 평균 1회 이상의 유급휴일을 주어야 하며, 이를 주휴일이라고 합니다.

주휴수당은 이 주휴일에 하루치 임금을 별도 산정하여 지급해야 하는 수당을 말합니다.

주휴일은 상시근로자 또는 단기간 근로자에 관계없이 일주일에 15시간 이상 근무한 모든 근로자가 적용 대상이 됩니다.

주휴수당은 다음과 같이 계산합니다.

1주일 총 근로시간 / 40시간 × 8 × 시급

예를 들어, 근로자가 하루 6시간씩 주 5일 모두 근무를 하였다면 사용자는 근로자가 하루를 쉬더라도 주휴수당(30시간 / 40시간 × 8 × 시급)을 별도 산정하여 추가로 지급해야 합니다.

만약 주 5일 근무제의 경우는 1주일 중 1일은 무급휴일, 다른 1일은 주휴일이 됩니다.

근로자가 주휴수당을 지급받기 위해서는 1주일 내에 계약된 근로일에 만근을 해야 합니다.

예를 들어 월, 화, 수에 출근하기로 했다면 반드시 그 날짜에 출근을 해야 합니다.

하지만 사용자의 사정에 의해 출근을 하지 않았을 경우에는 주휴수당을 지급 받을 수 있습니다.

 초보사장님

최저시급(2020년 8,590원)으로 1주 20시간을 근무하는 아르바이트 직원에게 주휴수당을 포함하여 지급해야 할 시급은 얼마인가요?

택스 코디

주휴수당을 먼저 계산해 볼까요.

주휴수당은 '1주일 총 근로시간 / 40시간 × 8 ×시급'

으로 계산됩니다.

20시간 / 40시간 × 8시간 × 8,590원 = 34,360원

주급을 계산해 볼까요.

(8,590원 × 20시간) + 34,360원 = 206,160원

시급으로 환산해 볼까요.

206,160원 / 20시간 = 10,308원

주휴수당을 포함한 시급은 10,308원이 됩니다.

 초보사장님

월요일부터 금요일까지 하루에 4시간씩 5일 (총20시간)을

근무하기로 했습니다. 직원의 개인사정으로 금요일 출근하

지 못했지만, 주 15시간 이상 근무를 했습니다.

주휴수당을 줘야 하나요?

택스 코디

주휴수당은 일주일기준 만근을 요건으로 합니다. 따라서 주휴수당 지급의무가 없습니다.

 초보사장님

이번 주까지만 근무하고 다음 주 중 그만 둘 예정입니다. 주휴수당을 지급해야 하나요?

 택스 코디

주휴수당은 계속 근로를 요건으로 합니다. 따라서 근무 마지막 주는 주휴수당 지급의무가 없습니다.

 초보사장님

월요일부터 금요일까지 근무를 하기로 했는데, 직원이 월요일은 지각하고 금요일 조퇴를 했습니다. 주휴수당을 지급해야 하나요?

택스 코디

지각이나 조퇴는 결근으로 보지 않습니다. 따라서 주휴수당을 지급해야 합니다.

 직원

2년 동안 빠진 적 없이 일했지만 주휴수당을 한 번도 받지 못하고 퇴사했습니다. 주휴수당을 받을 수 있나요?

 택스 코디

주휴수당은 퇴직 후 2년 이내에 지급받을 수 있습니다.

주 6일 근로자의 월급 계산법은?

 초보사장님

근무 시간은 9시 ~ 18시이고, 휴계시간은 12시~13시, 시급은 8,590원인 근로자로 주 6일 근무합니다. 월 급여는 얼마를 줘야 할까요?

 택스 코디

먼저 1주 근무시간을 계산해 볼까요.

8시간(1일 근무시간) × 6일 = 48시간

1주 연장 근로시간을 계산해 볼까요.

8시간(48시간 − 40시간) × 50%(할증) = 4시간

주휴시간을 계산해 볼까요.

40시간 / 40시간 × 8시간 = 8시간

사장님! 노무? 어렵지 않아요

1주 임금을 지급해야 할 총 시간을 계산해 볼까요.

48시간(1주 근무시간) **+ 4시간**(연장 근로시간) **+ 8시간**(주휴시간)
= 60시간

한 달 임금을 지급해야 할 시간을 계산해 볼까요.

60시간 × 4.345주 = 260.7시간

월 급여를 계산해 볼까요.

261시간 × 8,590원(2020년 최저 시급) **= 2,241,990원**

한 달 급여는 2,241,990원이 됩니다.

알기 쉬운 급여 계산법

무단결근한 직원,
얼마를 제하고 줘야 하나요?

초보사장님

1주 근로시간은 40시간 이고 월 급여를 209만 원을 받는 직원이 있습니다. 이 직원이 하루를 무단결근을 했는데 월급을 얼마를 줘야 하나요?

택스 코디

먼저 시급을 계산하여 일급을 계산합니다.

그리고 주휴수당을 계산합니다. 마지막으로 차감할 금액을 계산합니다.

위 직원은 하루분의 급여와 결근을 하루 했기에 그 주의 주휴수당도 차감을 해야 합니다.

시급 계산 - 209만 원 / 209시간 = 1만 원

일급 계산 - 1만 원 × 8시간 = 8만 원

주휴수당 - 40시간 / 40시간 × 8시간 × 1만 원 = 8만 원

차감할 임금 - 8만 원(하루 분 임금) **+ 8만 원**(주휴수당) **= 16만 원**

지급해야 할 급여 209만 원 - 16만 원 = 193만 원

근로기준법 제 23조에 사용자는 근로자에 대하여 정당한 이유 없이 해고, 휴직, 정직, 전직, 감봉 기타 징벌을 하지 못하는 것으로 규정하고 있습니다.

정당한 이유에 의한 해고라도 절차상 하자가 있는 경우에는 해고를 무효로 간주되므로 해고절차는 반드시 지켜야 합니다.

근로자는 직업 선택의 자유와 강제근로를 금지하고 있기 때문에 언제든지 사직의 의사를 표현할 수 있습니다. 그러나 갑자기 그만 두게 되면 업무상 많은 지장이 있습니다. 그런 경우를 대비하여 사직통보규정을 만들어 놓으면 근로자의 갑작스런 퇴사로 인한 경영 손실을 줄일 수 있습니다.

4 알기 쉬운 급여 계산법

근로자가 무단결근을 하여 사용자가 사표를 수리할 수 없게 되면 1개월이 경과해야 사직의 효력이 발생합니다. 임금을 월급제 등 기간급으로 정한 경우에는 사표를 제출한 당기 후의 1임금 지급기가 경과해야 효력이 발생되기에 퇴직금 지급 시기는 많이 지연됩니다.

예를 들어 매월 말일 급여를 지불하는 회사라면 1월 5일 사직서를 제출하고 사용자가 이를 수리하지 않았다면 3월 1일이 퇴직일이 됩니다. 퇴직금은 최근 3개월간의 평균임금으로 계산이 되는데, 무단결근으로 감봉 및 무급으로 처리된 기간이 길수록 평균임금은 축소되어 퇴직금이 줄어들게 됩니다.

수당 산정의 기준 통상임금

근로자에게 정기적, 일률적, 고정적으로 소정근로 또는 총 근로에 대해 지급하기로 정한 시간급 금액, 일급 금액, 주급 금액, 월급 금액 또는 도급 금액을 통상임금이라고 합니다.

정기적이란 근로계약에서 정한 근로의 대가로 지급될 어떤 항목의 임금이 일정한 주기에 따라 지급되는 것을 말합니다.

일률적이란? 모든 근로자나 일정한 기준에 해당되는 근로자에게 무조건 지급되는 것을 말합니다.

고정적이란 지급여부가 업적이나 성과에 관계없이 사전에 확정되어 있는 것을 말합니다.

위의 요건을 갖춘 기술수당, 근속수당, 가족수당, 성과급, 상여금 등은 모두 통상임금에 포함됩니다.

그러나 부양가족 수에 따라 달리 지급되는 가족수당과 근무실적을 평가하여 지급여부가 결정되는 상여금과 사용자의 재량에 따라 일시적으로 지급하는 상여금은 통상임금이 아닙니다.

통상임금은 해고 예고수당, 연장 야간 휴일 근로수당, 연차수당, 주휴수당, 생리수당, 고용보험법상 지원금 등의 산출의 기준이 되는 금액입니다.

🗨️❓ **초보사장님**

월 급여 209만 원과 정기상여금 600%를 지급받는 근로자가 퇴사를 할 경우 연차휴가 10일을 사용하지 않았다면 미사용 연차수당을 얼마를 지급해야 하나요?

💡 **택스 코디**

먼저 통상임금을 계산해 볼까요.
(209만 원 × 12개월) + (209만 원 × 600%) = 3,762만 원

시급으로 계산해 볼까요.
3,762만 원 / 12개월 / 209시간 = 15,000원

일급을 계산해 볼까요.
15,000원 × 8시간 = 12만 원

미사용 연차수당을 계산해 볼까요.

12만 원 × 10일 = 120만 원

미사용 연차수당으로 120만 원을 지급해야 합니다.

초보사장님

연차휴가는 어떤 기준으로 산정되나요?

택스 코디

연차휴가는 1년 동안 80% 이상 출근 시 15일이 부여되고 이후에는 2년에 1일씩 가산됩니다. 연차휴가의 한도는 25일 입니다.

근속연수(년)	1	2	3	4	5	10	15	20	25	30
휴가일수(일)	15	15	16	16	17	19	22	24	25	25

1년 미만 근로 또는 연간 80% 이하 출근 시에는 월 개근 시 1일의 연차휴가가 주어집니다.

초보사장님

80% 이상 출근의 산정 기준은 공휴일을 포함한 건가요?

 택스 코디

1년 동안 법정휴일(주휴일, 근로자의 날), 약정휴일 (노사간에 휴일로 지정한 날, 국경일, 명절연휴, 기타 공휴일 등)을 제외한 사업장의 연간 총 소정근로일수에서 출근한 날이 80% 이상인 경우를 말합니다.

퇴직금 산정의 기준, 평균임금

평균임금이란? 이를 산정해야 할 사유가 발생한 날 이전 3개월 동안(90일)에 근로자에게 지급된 임금의 총액을 그 기간의 총일 수로 나눈 금액을 말합니다.

근로자의 귀책사유로 인한 직위해제 도는 개인적인 범죄행위로 구속 기소되어 대기발령 또는 감봉된 기간도 총일 수에 포함됩니다.

평균임금은 퇴직금의 계산, 산업재해보상보험급여, 구직급여, 휴업수당, 감액금 등을 산정하는 기준이 됩니다.

퇴직금 계산법은 아래와 같습니다.

퇴직금 = 1일평균임금 × 30일 × 총 계속근로기간 / 365일

초보사장님

평균임금에 포함되지 않는 임금은 무엇인가요?

택스 코디

평균임금은 통상임금보다 넓은 의미로 사용자로부터 받은 모든 금품을 말합니다.

통상임금에 산입되지 않았던 연차수당, 연장 야간수당, 직책수당, 통근수당 등이 모두 포함됩니다.

그러나 결혼 축하금, 조의금, 재해 위로금과 같이 실비변상적인 금품은 제외됩니다.

대부분의 경우 통상임금보다 높은 금액입니다. 특별한 사유(직위해제 등) 등으로 평균임금이 통상임금보다 낮게 나오는 경우에는 통상임금을 평균임금으로 하여 퇴직금, 산업재해보상보험급여 등을 지급해야 합니다.

일용직 근로자가 산재가 발생한 경우 보상액을 산출해야 하는데 산재보상액은 평균임금을 기초로 합니다.

그런데 일용직의 평균임금은 월급제 근로자처럼 3개월 평균으로 산출할 수가 없습니다. 일용직은 일이 있을 때도 있고 없을 때도 있기 때문입니다.

이러한 이유로 일용직의 산재보상 시 일용직의 평균 임금 산출 방법은 통상적으로 한 달 동안 약 22일 정도를 근무한다고 보고, 통상근로계수 73/100을 적용합니다.

가령 일용직 일당이 10만 원이라면, 다음과 같이 계산됩니다.

1일 평균임금 ▶ 10만 원 × 73/100 = 7만 3천 원

④ 알기 쉬운 급여 계산법

직원의 퇴직금 중간 정산 요구

사용자가 계속근로기간 1년에 대해 30일분 이상의 평균임금을 퇴직하는 근로자에게 지급하는 금액을 퇴직금이라 합니다.

형식적으로 일용 근로계약을 체결하였으나 계속 반복하여 고용해온 일용직 근로자 또는 단기간 근로계약을 계속 반복적으로 갱신 또는 연장하는 경우에도 전체 근무연수가 1년 이상이면 퇴직금을 지급해야 합니다.

 초보사장님

퇴직금을 언제까지 지급해야 하나요?

택스 코디

퇴직사유 발생일로부터 14일 이내에 지급해야 합니다.

초보사장님

근로자가 퇴직금 중간 정산을 요구합니다.

 택스 코디

근로자퇴직급여 보장법에 의해서 2012년 7월 26일 이후로 퇴직금 중간정산이 금지되었습니다.

그러나 아래의 사유에 해당하면 퇴직금 중간정산이 가능합니다.

- 무주택자가 본인 명의로 주택을 구입, 주거를 목적으로 전세금을 부담하는 경우
- 6개월 이상 요양을 필요로 하는 근로자 및 부양가족이 질병이나 부상한 경우
- 천재지변 등으로 피해를 입은 경우
- 근로자가 파산선고/ 개인회생절차 결정을 받은 경우
- 단체협약 및 취업규칙 등을 통하여 임금 피크제를 실시하는 경우
- 근로시간 단축으로 퇴직금이 감소한 경우

알기 쉬운 급여 계산법

초보사장님

근로계약기간을 1년으로 하여 매년 퇴직금을 포함한 연봉으로 지급해도 되나요?

택스 코디

퇴직금을 매년 중간 정산한 것과 동일한 효과가 있으므로 법으로 금지하고 있습니다.

만약 상호간의 합의에 의하여 불가피하게 지급해야 하는 상황이라면 '퇴직금 지급 확약서'를 받아 두어야 합니다. 향후 노사문제로 법적 분쟁이 발생하면 지급한 퇴직금을 부당이득으로 하여 반환 청구소송을 진행할 때 필요한 증거로 활용할 수 있습니다.

회사는 근로자가 퇴직한 후 14일 이내에 모든 임금, 퇴직금, 기타 일체의 금품 등을 지급해야 합니다. 이를 위반할 경우에는 형사 처벌대상이 될 뿐 아니라 지연이자까지 지급을 해야 합니다.

퇴직한 후 14일 내에 지급하지 않은 경우 그 다음 날부터 지급하는 날까지 연 20%의 이자를 지급해야 합니다.

초보사장님

2019년 11월 1일 퇴직한 근로자에게 임금, 퇴직금으로 지급해야 할 금액이 1천만 원이고, 해당 금액을 12월 31일에 지급할 경우 지연이자는 얼마인가요?

 택스 코디

지연 일부터 계산해보면 2018년 11월 15일부터 2018년 12월 31일까지 총 46일이 됩니다.

지연이자는 다음과 같습니다.

1천만 원 × 20% × 46일 / 365일 = 252,054원

④ 알기 쉬운 급여 계산법

살다보면 인간관계로 고민을 제법 많이 하게 됩니다.

당신 마음에 들지 않는 상대는 친구일 수도 있고 직장 동료일 수도 있고 이웃일 수도 있습니다.

혼자 서는 살 수가 없는 세상이므로 많이 부딪히는 것은 어찌 보면 당연할 수도 있죠.

때로는 상대를 위하는 마음이 괜한 오지랖이 될 수도 있고, 그냥 보고만 있다면 상대는 섭섭해 하기도 한다.

당신의 의도와는 상관없이 상대는 다르게 느낄 수가 있는 것이에요.

상대가 바뀌기를 원해도 당신의 의도대로 상대를 움직일 수도 없습니다.

상대를 바꾸려고 하는 마음도 당신의 욕심일 수도 있습니다. 원하는 대로 상대가 움직이지 않으면 고스란히 당신은 스트레스를 받을 것입니다.

어쩌면 그냥 내버려 두는 것이 당신이 할 수 있는 유일한 방법이에요.

아니면 상대와 거리를 둬야 합니다.

단지 거리만 잘 두었을 뿐인데, 참견이 친절이 되고, 무관심이 배려로 느낄 수도 있게 됩니다. 상대를 바꾸려고 하지 말고 한 걸음 뒤로 물러나 보세요.

때로는 살짝 떨어져 있는 것이 답일 수도 있습니다.

직원과의 관계도 인간관계 중 하나입니다. 간혹 가족처럼 대해 줬는데 그럴 줄 몰랐다고 하소연 하는 사장님들을 보곤 합니다. 마음으로 이해는 되지만 가족으로 대하기 이전에 법에서 정한 규정은 갖춰 놓는 것이 먼저입니다.

모르는 게 약인 경우와 아는 게 힘이 되는 경우를 구분해야 합니다. 모르는 게 약이 되는 경우는 몰라도 되는데 알아서 문제가 되는 경우입니다. 즉 알 필요가 없는 것을 말합니다.

아는 게 힘이 되는 경우는 이 정도는 알아야 도움이 되는 경우입니다.

제대로 알지 못하는 사람들이 법만 앞세우는 경우를 이따금 보곤 합니다. 법을 제대로 알면 반대로 신중해 집니다. 근로관계에서는 더욱 그렇습니다.

근로기준법이든, 급여든 직원과 문제가 발생하면 당황스럽고 힘들어 집니다. 같은 상황에서도 최선의 답을 찾기 위해서는 반드시 사전 지식이 필요합니다.

빨리 답을 찾는다는 것은 어려운 문제를 쉽게 풀 수 있고 문제가 더 커지는 것을 막을 수 있습니다. 어떤 순간이든 최선의 선택을 찾기 위해 적극 노력해야 합니다.

누구나 원만하게 사업을 하길 원합니다. 특히 법적 분쟁 상황까지 가야 하는 일을 겪는 것은 생각만 해도 골치가 아픈 일입니다.

근로관계에서 문제는 몰라서 생기는 경우가 많습니다. 이 책을 읽은 분들은 괜찮은 예방 주사를 맞은 거라 생각합니다.

이미 터져버린 문제는 수습하기가 어렵습니다. 그러므로 가능하다면 문제가 생기지 않도록 미리 대비하는 것이 최선의 선택입니다.

고용증대 세제 지원제도
고용촉진지원금 지원 대상 및 지원 한도
개정된 상가건물 임대차보호법
확정일자도 받아야 한다.
임대차 계약 전 확인 사항
건물주의 미납세금, 전세금 날린 사업자
자녀, 근로장려금 확대 시행
외국인 직원 고용 절차
알아두면 도움이 되는 사이트

[권말부록]

알아두면
좋은 팁

고용증대 세제 지원제도

2018년부터 적용되고 있는 고용증대세세 시원제노는 모는 기업(소비성 서비스업 등 제외)이 직전 연도 대비 상시근로자 수가 증가하는 경우에 1인당 300만 원 ~ 1,600만 원을 소득세나 법인세 산출세액에서 세액공제를 해 주는 제도를 말합니다.

이 제도는 2021년까지 한시적으로 적용이 됩니다.

상시근로자와 일반 청년 정규직에 따라 지원액이 달라집니다. 일반 상시근로자를 중소기업에서 채용한 경우, 수도권은 700만 원, 지방 770만 원, 중견기업은 450만 원의 세액공제를 받습니다.

청년 정규직을 채용한 경우에는 지원액이 더 커집니다. 다음의 표를 참고하세요.

구분	중소기업		중견기업	대기업
	수도권	지방		
상시근로자	700만 원	770만 원	450만 원	-
청년 정규직 일반기업	1,000만 원	1,100만 원	700만 원	300만 원
청년친화기업	1,500만 원	1,600만 원	1,200만 원	800만 원

2019년 1월 1일 이후 신고 분부터 적용됩니다.

추가 고용을 했지만 현재 사업 실적이 좋지 않아 산출세액이 없는 경우에는 고용증대세제도에 포함된 이월공제 규정을 활용하면 됩니다. 세액공제금액이 발생한 사업연도로부터 5년간 이월시켜 산출세액이 발생되는 사업연도에 공제할 수 있습니다.

예를 들어 2018년 총 근로자 수 7명인 수도권에 있는 일반 중소기업에서 2019년 청년 정규직 한 명을 채용하여 총 근로자가 8명인 경우에 2020년에도 8명의 근로자를 유지하였다면, 2019년 1,000만 원, 2020년 1,000만 원으로 총 2,000만 원의 세액공제를 받을 수 있습니다. 그런데 2020년까지 산출세액이 없고 2021년에 발생하였다면 2021년분 신고 시 총 2,000만 원의 세액공제를 한 번에 받을 수도 있습니다.

초보사장님

예를 들어 한 명을 추가 고용하여 세액공제를 받고, 부득이한 사정으로 직원 한 명이 퇴사를 한 경우에는 어떻게 되나요?

택스 코디

신청 요건을 만족하여 세액공제 혜택을 받고, 차후 요건에 미달하게 되면 공제받은 세액을 다시 납부해야 합니다. 고용증대세제를 받고 있다면 2년 동안 상시근로자의 수를 유지해야 합니다. 유지하지 못하면 감소된 인원만큼 세액공제액을 추징당합니다.

하지만 채용한 직원이 무조건 2년을 근무해야 하는 것은 아닙니다. 퇴직 인원이 발생하였다면 그 달에 신규 채용을 하여 근로자 수를 유지한다면 세금 추징을 막을 수 있습니다.

초보사장님

청년친화기업이란 무엇인가요?

택스 코디

　고용부 장관이 지정하거나 세법에서 정하는 기준(임금 수준 과 청년근로자 비중이 높거나 청년의 근무 여건이 우수한 기업) 으로 해당 규정 에 부합해야 합니다.

고용촉진지원금 지원 대상 및 지원 한도

고용촉진지원금이란? 여성가장, 장애인 등 노동시장의 통상적인 조건하에서 취업이 특히 곤란한 취업취약자의 고용촉진을 도모하기 위하여 취업 취약자를 채용한 사업주에게 지원금을 지원하는 것을 말합니다.

취업취약자의 고용을 촉진하기 위하여 취업취약자를 고용한 사업주에게 인건비를 지원하는 것입니다.

1 지원 대상

☐ 고용노동부장관이 지정하는 취업지원프로그램을 이수하고 직업안정기관(취업 희망풀)등에 구직 등록한 실업자를 고용한 사업주

☐ 구직등록 후 1개월 이상 실업상태에 있는 중증장애인, 여성가

장 등 취업취약자 및 취업지원프로그램을 참여하기 어려운 도서지역 거주자를 고용한 사업주

❷ 지원 내용

우선지원대상기업의 경우 근로자 1명당 총 지원 금액은 1년 720만 원이며 6개월 지급액은 360만 원 입니다.

대규모기업은 근로자 1명당 총 지원 금액은 360만 원이며 6개월 지급액은 180만 원 입니다.

지급기간 동안 사업주가 부담하는 임금의 80%를 초과하여 지원할 수 없으며 지원대상자는 최대 30명까지 가능합니다. 피보험자 수가 10인 미만인 경우에는 3명까지만 지원이 가능합니다.

❸ 신청절차

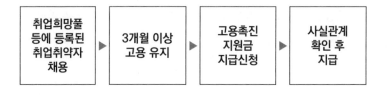

취업희망풀 등에 등록된 취업취약자 채용 ▶ 3개월 이상 고용 유지 ▶ 고용촉진 지원금 지급신청 ▶ 사실관계 확인 후 지급

지원대상자를 고용하여 6개월 이상 고용을 유지한 경우 1년간 매6개월 마다 지급을 합니다.

단, 근로계약기간에 정함이 있거나 최저임금의 110%미만을 지급하는 경우, 사업주의 배우자 또는 4촌 이내의 혈족, 인척은 지원을 받을 수 없습니다.

4 신청기관

사업장 소재지 관할 고용센터(문의 1350)

5 신청서류

☐ 고용창출 장려금 지급신청서

☐ 새로 고용한 피보험자의 월별 임금대장 사본 및 입금지급을 증명할 수 있는 서류

☐ 근로계약서 사본 1부

☐ 중증장애인 또는 여성가장 등의 지원자를 고용한 경우 이를 증명하는 서류(해당자에 한함)

⑥ 지급되지 않는 경우

1. 근로자 임금이 지급되지 않은 경우 및 근로기준법 제43조의 2에 따라 임금 등을 체불한 명단이 공개중인 사업주

2. 사업주가 고용촉진장려금 지급대상자를 고용하기 전 3개월 부터 고용 후 1년까지(고용촉진장려금 지급대상자의 고용기간이 1년 미만인 경 우에는 그 고용관계를 종료 시까지를 말한다.) 고용조정으로 근로자를 퇴직 시키는 경우는 지원이 되지 않으며 장려금을 받은 경우에는 반환을 해야 합니다.

3. 비상근 촉탁근로자

4. 최저임금법 제5조에 따른 최저임금 110%미만의 임금을 지 급하기로 한 근로자. 단 최저임금법 제7조에 따라 적용 제외 된 경우는 제외 합니다.

5. 사업주가 해당 근로자의 이직(해당 사업주가 해당 근로자를 고용하기 전 1 년 내에 이직한 경우에 한정한다.) 당시의 사업주와 같은 경우. 다만, 근 로기준법 제25조 제1항에 따라 우선 재고용된 경우와 일용 근로자 (1개월 미만 동안 고용되는 자)로 고용하였던 자를 기간의 정함 이 없이 다시 고용되는 경우는 제외합니다.

6. 사업주의 배우자, 4촌 이내의 혈족, 인척에 해당하는 경우

7. 대규모기업이 취업성공패키지 프로그램을 이수한 만 29세 이하 실업자 중 대학을 졸업하고 구직기간이 12개월 미만인 자를 고용한 경우.

8. 근로계약기간의 정함이 있는 근로자로 고용한 경우. 다만 취업이 특히 곤란하여 고용노동부 장관이 정한 실업자를 고용하는 경우 1년 이상 근로계약이 가능합니다.

9. 해당 근로자의 이직(해당 사업주가 해당 근로자를 고용하기 전 1년 이내에 이직한 경우에 한정된다) 당시 사업주와 합병하거나 그 사업을 넘겨받은 사업주인 경우 등 해당 근로자의 최종이직 당시 사업과 관련되는 사업주에게 고용된 경우

10. 구직등록이 유효하지 않은 경우

11. 인턴 사업을 통해 취업한 경우

12. 취업성공패키지 참여자 1단계를 마치고 2단계, 3단계에 참여하던 중 취업이 되었으나 초기 상담일로부터 1개월 미만이며 구직등록 기간이 3개월 미만이거나 실업기간이 3개월 미만인 경우

13. 취업성공패키지 참여자 1단계를 마쳤으나 중단한 경우

14. 취업성공패키지 참여자 영세자영업자의 경우 폐업하지 않고
    취업한 경우

15. 학교 재학생 신분에서 취업한 경우

　정부지원을 받기 위해서는 늘 까다로운 확인 작업을 거칩니다.
정부에서는 이를 악용하는 것을 방지하기 위함인데, 근로자를 고
용하기 전에 꼭 관련기관에 문의하는 확인 작업은 필수입니다.

개정된 상가건물 임대차보호법

2019년 4월 17일자로 새로운 상가건물 임대차보호법 시행령 일부 개정안이 발효되었습니다.

그리고 상가건물 임대차보호법이 적용 기준이 되는 환산보증금이 지역별로 증액되었습니다.

 예비사장님

환산보증금이 무엇인가요?

택스 코디

상가임대차보호법의 과표가 되는 기준 금액입니다.

계산공식은 '보증금 + (월세 × 100)' 입니다.

예를 들어, 임차료가 보증금이 5,000만 원에 월세 100만 원 이라면,

환산보증금은 5,000만 원 + (100만 원 × 100) = 1억 5천만 원이 되는 것입니다.

환산보증금은 서울은 6억 1천만 원에서 9억 원으로 부산. 과밀억제권역은 5억 원에서 6억 9천만 원으로 광역시는 3억 9천만 원에서 5억 4천만 원으로 그 밖의 지역은 2억 7천만 원에서 3억 7천만 원으로 상향 조정되었습니다.

 예비사장님

환산보증금 내에 속하면 어떤 보호를 받을 수 있나요?

 택스 코디

2018년 10월 16일 이후 계약 및 갱신 시 최장 10년 (만기 6개월 전부터 1개월 전까지 갱신요구)동안 계약갱신 요구권을 가질 수 있습니다.

임대차기간 종료 6개월 전부터 종료 시까지 권리금보호 회수기간이 정해집니다.

월세 인상 범위는 5% 입니다.

확정일자를 받아서 보증금 회수 대항력이 생깁니다.(후순위 권리자 보다 우선 변제)

3개월 이상 월 임대료 연체 시 임대인이 계약해지 가능하다는 것도 명심해야 합니다.

권리금회수보호에 관한 법률 규정에 대해서도 살펴볼까요.

권리금은 임대인이 아니고 전 사업주에게 지급하는 돈이라서 임대인 입장에서는 날삽게 여기지 않습니다. 때에 따라서는 이런 권리금에 대한 거래를 방해하는 경우도 있습니다.

이전 상가임대차보호법에서는 임대차기간이 끝나기 3개월 전부터 임대차 종료 시까지는 임대인이 임차인의 권리금 회수를 방해하지 못하도록 규정하고 있습니다.

권리금 회수보호에 관한 법률은 2019년 1월 1일부터 개정되어, 건물주가 임대차 계약 만료 6개월 전부터 임차인이 새로운 임차인을 직접 알아볼 수 있도록 허용하여 권리금을 보장받을 수 있는 기간을 확대하였습니다.

만약 권리금 회수보호 기간 안에 임대인의 방해 행위가 있었다면 임대차보호법에 따라 손해배상을 청구할 수 있습니다.

확정일자도 받아야 한다

상가 임대차 계약을 할 때 이왕이면 근저당이 설정되지 않은 건물에 임차를 들어가는 게 가장 좋지만, 일반적으로 상가를 투자하는 사람들 대부분이 대출을 일부 받아 상가를 구입했기에 임대차 계약 전 말소기준권리도 확인하고 보호대상이 되는 범위 안에서 계약을 하는 것이 바람직합니다.

 예비사장님

말소기준권리가 무엇인가요?

 택스 코디

부동산 경매에서 부동산이 낙찰될 경우, 그 부동산에 존재하던 권리가 소멸하는가, 그렇지 않으면 그대로 남아서 낙찰자에게 인수되는가를 판단하는 기준이 되는 권리를 말합니다.

저당권, 근저당권, 압류, 가압류, 담보가등기, 강제경매 개시 결정등기 등이 있습니다.

건물을 임차하고 사업자등록을 하게 되면 상가임대차 대항력 요건이 생깁니다. 대항요건을 갖추고 관할 세무서장으로부터 임대차계약서상의 확정일자를 받아두는 것이 좋습니다.

확정일자란 건물소재지 관할세무서장이 그 날짜에 임대차계약서의 존재 사실을 인정해서 임대차 계약서에 기입한 날짜를 말합니다.

건물을 임차하고 사업자등록을 한 사업자가 확정일자를 받아놓으면 임차한 건물이 경매나 공매로 넘어갈 경우 상가임대차보호법의 확정일자를 기준으로 후순위 권리자에 우선에서 보증금을 변제 받을 수가 있습니다.

이런 이유로 확정일자는 사업자등록과 동시에 신청하는 것이 가장 좋습니다.

초보사장님

따로 준비해야 할 서류가 있나요?

 택스 코디

신규사업자는 사업자등록 신청 시 준비해야 할 서류와 거의 중복이 되니 별도로 준비해야 할 것은 없습니다.

단, 사업자등록신청 시 임대차계약서의 사업장소재지를 등기부등본의 소재지와 다르게 기재한 경우에는 보호를 받지 못할 수 있으니 철저히 확인을 해야 합니다.

임대차 계약전 확인 사항

최 사장님은 음식섬을 하기 위해 1층의 상가를 임대차계약을 하였습니다. 전 업종은 휴대폰 대리점을 하던 자리로 평소에 눈여겨 보던 곳이었습니다. 인테리어도 막바지 단계에 접어들어 구청에 허가를 받으러 갔더니 오수량이 기존에는 15L였는데 70L으로 늘어나서, 다시 관련 공사를 해야 하는 상황이 되어 버렸습니다. 건물주는 나 몰라라 하고 장사를 시작하기도 전에 예상치 못한 비용의 발생으로 난처한 상황입니다.

일반음식점을 하기 위해서는 확인을 해야 하는 사항이 있습니다. 하수도원인자부담금이나 정화조, 도시가스 등을 기본적으로 알아보아야 합니다. 대형 식당일 경우에는 관할 관청에 더 자세히 확인을 해야 합니다.

정화조와 하수도원인자부담금의 경우 이로 인해 허가가 나지 않는 경우가 있으니 더 주의를 해야 합니다.

판매점의 경우 일일오수발생량이 제곱 미터당 15L이고 휴게음식점은 35L, 일반음식점은 70L입니다.

정화조나 하수조원인자부담금이 한계 용량에 있을 경우 정화조 공사를 다시하거나, 부담금이 많게는 몇 천만 원씩 나오는 경우도 있습니다.

일반음식점을 하게 될 경우라면 임대차계약 전 관할 관청에 미리 꼭 확인을 해야 합니다.

임대차계약을 하였다면 사업자등록을 빨리 하는 것이 낫습니다.

개인사업자의 세금의 구조는 번 돈에서 벌기 위해 쓴 돈을 차감하는 방식이고, 벌기 위해 쓴 돈은 창업 직전이 가장 많이 쓰입니다. 과세 유형에 따라 돈을 쓰는 방식이 달라집니다. 그러므로 사업자등록을 빨리 해야 합니다.

세무 상식이 조금 있던 최 사장님은 간이과세사업자로 시작을 하기로 마음을 먹고 인테리어 비용을 세금계산서 없이 매입 액으로만 지불을 마친 상태이고, 관련 설비도 가능한 것은 자료를 수취하지 않고 지불한 상태입니다.

그런데 사업자등록을 하기 위해 관할 세무서를 방문을 하였는데 올해부터 해당 지역이 간이과세 배제지역으로 추가가 되었다고 합니다. 어쩔 수 없이 최 사장님은 일반과세사업자로 사업자등록을 하였습니다.

위와 같은 경우도 심심찮게 발생을 합니다. 사업자등록을 빨리 한다고 손해 보는 것은 없습니다.

임대차계약 전 관할 세무서에 간이과세사업자로 가능한 가 확인을 미리 해 보는 것도 좋은 방법입니다.

간이과세 배제기준은 아래와 같습니다.

1 간이과세 배제업종

제조업이나 광업, 도매업, 부동산임대업, 매매업, 유흥업, 변호사업 등의 경우 원천적으로 간이과세사업자가 될 수 없습니다.

제조업의 경우에는 제과점이나 양복점 같은 최종 소비자에게 바로 연결되는 업종의 경우 예외도 있습니다. (즉석판매제조가공업도 간이과세가 가능합니다.)

서비스업 임에도 네일, 피부관리 등은 간이과세사업자가 불가능합니다.

2 간이과세 배제지역

간이과세가 가능한 업종이지만 배제되는 지역에 있을 경우 무조건 일반과세사업자로 사업자를 내야 합니다.

서울의 경우 강남, 대구의 경우 동성로, 부산의 경우 서면 일대 등 중심상업지역에 있는 경우가 해당 됩니다.

❸ 간이과세 배제건물

백화점이나 대형마트 같은 곳이 해당 됩니다.

이들 건물에 입점 되어 있는 소규모 점포도 일반과세자로만 등록이 됩니다.

대부분의 경우 창업의 시작은 간이과세사업자로 시작하는 것이 세무적인 측면에선 매우 유리합니다.

건물주의 미납세금, 전세금 날린 사업자

상가 임대차 계약을 할 때 세입자로서 건물주의 체납 사실을 확인할 필요가 있습니다.

국세 채권의 우선순위에서 본인의 보증금이나 전세금이 밀릴 수 있기 때문에 공인중개사에게 납세증명서를 꼭 요구할 필요가 있습니다.

많은 공인중개사들은 집주인의 세금 문제는 개인적인 문제라고 생각하는 경향이 있어서 대체적으로 납세증명서를 요청하지 않습니다. 국세 체납은 등기부등본상에 나오지 않습니다. (압류, 가압류 진행이 되지 않았을 경우)

본인의 재산은 본인이 지키는 것입니다. 누가 대신 해주길 바라지 말고 언제 어떻게 발생할지 모르는 세금 사고를 방지하기 위해 스스로 챙겨야 합니다.

공인중개사분들도 납세증명서 확인 과정을 추가하면 꼼꼼하고 치밀함이 돋보이는 전문가로서 인정받을 수 있지 않을까요?

미납국세열람제도란 임대차 계약 전에 건물주의 동의를 얻어 건물주의 미납 국세 등을 확인할 수 있도록 한 제도입니다.

이 제도는 임대차 계약 시 중요한 전세보증금과 관련되어 있습니다.

등기부등본 등을 통해 근저당의 설정 유무의 확인 후 문제가 없다고 판단하여 임대차 계약을 완료 후 전입을 하였는데 임대인이 체납세금이 많이 있어서 압류 등이 시작되고 그에 따라 공매가 진행된다고 가정할 경우, 체납 국세의 법정 기일이 전세보증금보다 앞서게 되면 선순위 근저당이 있더라도 보증금의 전액을 받지 못할 수도 있습니다.

그 이유는 세금이 우선순위이기 때문입니다.

하물며 세금체납으로 해당 부동산이 공매에 넘어간 경우는 당연히 세금을 먼저 처리하므로 전세보증금은 자동으로 후순위로 밀려납니다.

세금체납 부분은 등기부등본에 나오지 않기 때문에 알 수가 없습니다. 하기에 임차인은 계약을 하기 전 임대인의 세금 체납 유, 무를 확인해야 합니다.

양식은 민원24 홈페이지에서 다운 받을 수 있습니다. 상단 검색창에 미납국세라고 입력하면 그 양식지에 맞게 작성하여 부동산 소재지 관할 세무서에서 확인할 수 있습니다.

자녀, 근로장려금 확대 시행

장려금 제도는 매년 국가가 저소득층 가구를 대상으로 일정액을 지급하는 제도를 말합니다.

① 근로 장려금

저소득층 가구에 대해 150만 원 ~ 300만 원 내에서 근로장려금을 지원하는 제도입니다. 가구원 구성 형태에 따라 총소득 기준금액이 아래표의 금액을 기준으로 미만이어야 합니다.

가구원 구성	단독 가구	홀벌이 가족 가구	맞벌이 가족 가구
총소득 기준금액	2,000만 원	3,000만 원	3,600만 원

총소득 기준금액은 근로소득의 경우 총급여액(비과세소득은 제외)을 말합니다.

사업소득의 경우 총수입금액 × 업종별 조정률 의 공식으로 계
산됩니다.

> **(업종별 조정률 – 도매업 20%, 소매업 30%, 음식점업 및 제조업 45%)**

만약 음식점을 하고 있고 신고 된 수입금액이 1억 원이라면,
총소득 기준금액은 4,500만 원(1억 원 × 45%)이 되어 장려금을 받
을 수 없습니다.

2 자녀 장려금

18세 미만의 자녀가 있는 경우 해당 자녀 1명당 최대 70만 원
을 지급합니다. 근로장려금과 마찬가지로 총소득 기준금액의 요
건을 충족해야 합니다. 부부의 합산 총소득 기준금액이 연간
4,000만 원에 미달해야 합니다.

더불어 이 제도들을 적용받기 위해서는 가구원 모두가 소유하
고 있는 재산 합계액이 2억 원 미만에 해당되어야 합니다.

외국인 직원 고용 절차

 초보사장님

오랜 기간 광고를 내어 봐도 직원이 잘 구해지지가 않아요. 주변 식당에서는 그런 이유로 외국인을 고용하는데 별도의 절차가 있나요?

 택스 코디

식당에서 외국인을 고용하려면 고용허가를 받아야 합니다.

국내에서 직원을 채용하기 위해서 노력을 했는데 그럼에도 직원을 구하지 못해서 외국인 직원을 채용하겠다는 것을 증명해야 합니다. 이런 사실이 증명되면 유흥주점, 출장 음식업종을 제외한 대부분의 일반 음식점은 외국인 채용을 할 수 있습니다.

사장님! 노무? 어렵지 않아요

고용허가 신고를 위해서는 비자 확인이 중요합니다. 고용허가를 꼭 받아야 하는 비자는 방문취업 H-2비자와 방문동거 F-1-4 비자입니다. 이런 비자를 가진 외국인들은 필수 교육을 받고 고용센터에 등록을 해야 합니다. 식당에서 일하는 대부분의 외국인은 H-2비자인 경우가 대부분입니다.

만약 배우자가 한국인인 외국인 F-2-1, F-6비자이거나 영주비자 F-5이면 고용허가를 받을 필요가 없습니다.

고용허가 절차는 고용센터 워크넷에 14일 동안 구인광고를 내거나 벼룩시장 같은 생활정보지에 7일간 구인광고를 내면 됩니다.

그런 후에 사업자등록증과 영업신고증을 가지고 각 지역의 노동센터를 방문하여 특례고용가능확인서를 발급 받습니다.

구인이 되면 외국인 직원과 함께 근로계약서, 여권, 외국인등록증, 구직등록필증을 가지고 재 방문하여 근로개시 신고를 하면 됩니다.

초보사장님

제조업을 하고 있습니다. 외국인 불법체류자를 채용하고 임금을 지급하였습니다. 인건비를 필요경비 처리해도 되나요?

💡 **택스 코디**

결론부터 얘기하면 가능합니다.

불법체류 근로자가 관계 당국에 적발되면 벌금을 물거나 국외로 추방될 수 있지만, 업무와 관련해서 실제로 인건비를 지급했다는 사실을 입증할 수 있으면 필요경비 처리가 가능합니다.

필요 서류는 급여를 지급했다는 내역(통장내역, 현금수령 확인증 등), 근무한 사실 입증 내역(근로계약서, 근무일지 등), 신분증사본(여권, 외국인등록증)같은 증빙 서류는 필수입니다.

인건비 신고는 일반 직원과 동일하게 진행되고, 외국인등록번호가 없는 경우라면 여권번호나 거주지국의 납세번호로 신고하면 됩니다.

그런데 불법체류자를 고용하면 사업주에게도 불이익이 있으니 경비 처리 여부를 떠나 잘 알아보고 판단해야 합니다.

알아두면 도움이 되는 사이트

사업을 시작하기 전, 또는 사업자라면 알아두면 도움이 되는 사이트 목록입니다.

국세청	국세에 대한 종합적인 정보를 제공
	www.nts.go.kr
홈택스	국세 전자신고 전문 사이트
	www.hometax.go.kr
위택스	지방세 관련 종합정보 제공
	www.wetax.go.kr
4대사회보험 정보연계센터	4대사회보험 정보연계센터
	www.4insure.or.kr
국세법령정보시스템	세금법령 사이트
	txsi.hometax.go.kr/docs/main.jsp

홈택스 란? 인터넷을 통하여 세금 신고, 납부, 민원증명 발급 등을 이용할 수 있는 국세종합서비스를 말합니다.

메인 화면 상단 메뉴는 개인사업자, 법인사업자, 세무대리인, 개인, 정부기관으로 크게 나누어집니다.

각자의 사업자 유형에 맞게 로그인하여 세무 관련 업무를 보면 됩니다.

홈택스에서는 신고뿐만 아니라 납부도 가능합니다. 그동안 납부하였던 이력도 확인이 가능합니다.

그리고 홈택스를 통해서 민원증명도 쉽게 발급이 가능합니다.

 초보사장님

홈택스를 통해서 발급이 가능한 민원증명은 어떤 것이 있나요?

택스 코디

발급이 가능한 주요 민원증명은 아래와 같습니다.

▢ 납세증명서

▢ 사업자등록증명

- 휴업사실증명
- 폐업사실증명
- 소득금액증명
- 납세사실증명
- 부가가치세과세표준증명
- 부가가치세면세사업자수입금액증명
- 표준재무제표증명(개인, 법인)
- 사업자단위과세적용종된사업장증명
- 연금보험료 등 소득, 세액 공제확인서
- 모범납세자증명
- 근로(자녀)장려금 수급사실증명 등

[저자와의 질문 및 무료상담]

메일   guri8353@naver.com
블로그   blog.naver.com/guri8353
카톡(ID) guri060903

사장님!
노무?
어렵지 않아요

초판발행일 | 2020년 1월 20일

지 은 이 | 최용규
펴 낸 이 | 배수현
표지디자인 | 유재헌
내지디자인 | 박수정
제   작 | 송재호
홍   보 | 배보배

펴 낸 곳 | 가나북스 www.gnbooks.co.kr
출 판 등 록 | 제393-2009-000012호
전   화 | 031) 408-8811(代)
팩   스 | 031) 501-8811

ISBN 979-11-6446-014-4(03320)